예수님의 선교사명 실천원리

로베르또 허지슨 지음
김인경 옮김

Published by
Casa Nazarena de Publicaciones USA/Canada
Lenexa, Kansas (USA)

Fulfilling the Mission
by Roberto Hodgson

Copyright © 2016
Casa Nazarena de Publicaciones
All Rights Reserved

번역 : 김인경, 런 델

모든 성경 인용은 성경 말씀, 뉴 인터내셔널 버젼 : NIV 판권
"© 1973,1978, 1984, 2011 by Biblical inc." Used by permission.
All right reserved worldwide.(전세계 판권 보유)
05/2016

바칩니다

이 책은 교회의 사명을 실천하는데 충성되게
하나님의 선교 사명을 받들어 순종하시는 종들에게.
특별히 열방에서 그리스도를 닮는 제자 양육을 위해
양떼를 목양하도록 부름 받으신 남종과 여종님들에게.

"너희 중 장로들에게 권하노니 나는 함께 장로된 자요 그리스도의 고난의 증인이요 나타날 영광에 참예할 자로라 너희 중에 있는 하나님의 양 무리를 치되 부득이함으로 하지 말고 오직 하나님의 뜻을 좇아 자원함으로 하며 더러운 이를 위하여 하지 말고 오직 즐거운 뜻으로 하며 맡기운 자들에게 주장하는 자세를 하지 말고 오직 양 무리의 본이 되라 그리하면 목자장이 나타나실 때에 시들지 아니하는 영광의 면류관을 얻으리라" (베드로전서 5:1-4)

저는 우리 목사님과 가족들의 헌신과 수고에 정말 감사를 드립니다. 특별히 세상 일을 하시며 사역하시는 목사님들께 더욱 심심한 감사를 드립니다. 감탄을 품으며 "어떻게 그렇게 일하실 수가 있을까요"하고 질문 합니다. 사역을 위한 수업들, 세상 일, 사역들, 가족을 위한 모든 책임들을 어떻게 다 수행하시는지 존경합니다.

감사의 글

저에게 베푸신 하나님의 크신 긍휼로 예수 그리스도를 통해 저의 영혼을 구원하시고 성령님이 저를 깨끗하게 정화하시며 하나님의 선교에 참여하도록 불러주신 하나님의 긍휼과 은혜에 깊은 감사를 드립니다.

지구촌 나사렛 교회에서 30여년을 함께 일할 수 있도록 기회를 주신 지구촌 나사렛 교회에 감사를 드립니다.

특별히 제게 6주간 정규 다문화 사역 업무를 떠나 이 책을 집필할 수 있도록 허락해 주신 북미주 캐나다 지역 선교국 감독이신 밥 부로드북스 목사님께 감사를 드립니다.

추천사

하나님의 선택을 받은 백성들은 분명히 특별한 사명(Missio Dei)이 있습니다(마 28:19-20). 이러한 맥락에서 이 책은, 온 세상과 만민들에게 하나님의 축복을 전해주고, 예수 그리스도를 세상에 보내심으로 시작된 하나님의 구속과 은혜의 회복에 대한 구체적인 모습과 실존이 무엇인지를 밝혀주고 있습니다. 하나님의 선교가 성경의 거대한 구원의 역사와 그 네러티브를 밝혀주는 중요한 담론 및 열쇠가 된다는 것을 보여주는 것에 충분한 가치가 있다고 할 것입니다. 특별히 중요한 논점과 담론을 질문으로 제시하면서, 독자들로 하여금 스스로 이 중대한 물음에 대한 답을 찾도록 함으로써 주께서 원하시는 참된 하나님의 선교가 무엇인지, 그리고 바로 그 예수의 명령인 하나님의 선교에 아름답게 동행할 수 있도록 해준다는 점에서 본 저서를 강하게 추천하는 바입니다.

대한기독교 나사렛성결회
총회 감독　김 영 수

대한민국은 초 저출산과 고령화의 시대를 지나가고 있습니다. 또한 북미와 유럽 등과 같이 우리 나라가 다문화권에 진입한 것도 사실입니다. 따라서 복음이 조선에 들어왔을 때의 접근 방식과 작금의 방법은 달라져야 합니다. 이런 차원에서 로베르또 박사님을 통하여 현대사회에 복음과 선교를 보다 효율적으로 전할 수 있는 뜨거운 열정과 비전을 제시해 주셨다는 것에 대하여 먼저 하나님께 감사를 드립니다. "가장 한국적인 것이 가장 세계적인 것이다"라는 카피처럼, "가장 나사렛적인 것이 가장 세계적인 것이다"라고 생각합니다. 이에 현대사회가 마주하고 있는 여러 문제들을 종합적으로 고려하여 복음과 선교를 행할 때, 나사렛의 영적인 정체성을 존중하며 세상과 함께 할 수 있는 좋은 영서를 만났다는 것은 나사렛의 목회자들 뿐만 아니라 지구촌 모든 사람들에게 축복입니다.

한국 나사렛대학교 역시도 저출산에 따른 학령인구 감소로 인하여 위기를 맞이하고 있습니다만, 이런 위기의 때에 하나님의 지혜를 구하며, 예수 그리스도의 도우심과 나사렛 성도님들의 중보기도를 통하여 복음을 전하는 대학, 생명을 살리는 대학으로 재도약 할 것을 다짐하며 추천사를 가름할까 합니다.

한국 나사렛대학교
총 장 임 승 안

이 책을 쓰신 로베르또 허지슨 박사는 선교에 관심을 가지고 사역 하실 때 나사렛 국제 본부로부터 부름을 받고 다문화 사역의 일을 감당하고 계시는 분이십니다.

다양한 문화속에서 어떻게 하면 효과적으로 선교 사역을 할 수 있을까 기도하며 연구하는 가운데, 선교의 중심이 될 수 있는 성경에서 말씀하고 있는 선교에 대하여 연구를 하기로 하였습니다.

그러기에 이 책은 선교에 관심을 가지고 계신 분들이나, 선교의 기초를 정확하고 확실하게 하시기를 원하시는 분들, 특별히 나사렛 교단에 소속된 목회자들이 읽기를 권하고 싶은 책입니다. 이 책을 통하여 하나님이 원하시고 기뻐하시는 선교가 이 땅에 아름답게 펼쳐지기를 기대합니다.

북미주 한인 나사렛성결교회 총연합회 회장,
북미주 한인 선교전략 국장, 뉴욕 행복한교회 담임
이 성 헌 목사

허지슨 박사님의 저서 예수님의 선교사명 실천원리는 모든 신학생, 선교사, 전도사, 목사님들이 읽으셔야 할 책입니다. 지극히 성서적이고 신학적 이며 영적인 깊은 통찰력 입니다. 성경 말씀의 원리를 통한 선교사명 실천의 원리입니다. 간결하고 명확하게 찾아낸 예수님의 사역 원리입니다.

예수님의 말씀과 사역을 통해, 사도들과 구름같은 믿음 사역의 증인들의 사역을 예를 보여주며 설명한 알기 쉬운 원리들이었습니다. 목회자, 선교사, 교회 개척하시는 분들, 주님의 부르심으로 사역을 담당한 사역자들이나 평신도들까지 반드시 읽으셔야 하는 좋은 선교와 사역의 서적으로 추천합니다.

김 성 대 목사

이번에 김인경 박사님께서 번역하신 귀한 책이 출간되게 됨을 진심으로 축하합니다.

제가 평소에 존경해오던 로베르또 허지슨 박사님의 겸손한 성품과 신실한 삶에서 입증되고 여과된 깊은 영적 통찰이 책으로 출간되어 더욱 많은 이들에게 전달될 수 있음에 감사합니다.

특히 평생 목회와 선교를 위해 외길을 걸어오신 열정의 비전 캐스터이자 저의 영적 멘토이신 김인경 박사님께서 이 책을 번역하셨음을 참으로 기쁘게 생각합니다.

주님의 지상명령을 따라 온전한 순종의 길을 가고자 고된 여정을 출발한 하나님의 사람들에게 이 책이 훌륭한 길라잡이가 되며 소중한 나침반이 될 줄로 확신합니다.

전 나사렛 미주 한인 선교전략국장
이 봉 하 목사

저자 본인의 사역 속에서 경험되어진 예수님 선교사명 실천의 구체적인 원리들이 성경적인 고찰과 믿음의 선진들의 실제들과 함께 증거되어지고 정리되어진 귀한 저서입니다.

뿐만 아니라 그대로 사역 현장에서 훈련에 적용할 수 있도록 짜여져 있어 선교 사역에 큰 유익을 가져올 자료입니다. 현 선교사나 사역을 준비하는 신학생과 사역자들에게도 그 영적 준비와 영성에 큰 유익이 되리라고 믿습니다.

중앙 아메리카 과떼말라 선교사 (25년)
선교사 변 홍 근

로베르또 허지슨 박사님의 책을 번역하면서 깊은 감명을 받았습니다. 이 책은 성경을 많이 인용하고 성경말씀을 통해 성서적으로 선교적 차원에서 예수님의 사명 실천을 세밀히 관찰하셨습니다. 사역자들, 목회자, 선교사님들, 영적 지도자들의 영성의 성장과 사역 실천을 깊게 파헤쳤습니다. 교회개척 선교사와 모든 영적 지도자들이 갖추어야 할 영성을 짚어주시며 영적 사역의 원리를 성서적으로 신학적으로 설명하시면서 성령님이 역사 하심을 통하여 순종과 믿음, 사랑과 기도, 겸손, 헌신, 긍휼, 리더십의 사역의 기본을 명백히 보여주셨습니다. 그리하여 번창하는 사역들의 실천되는 모습을 가르치시며 사역을 준비하는 영적 리더들과 사역자를 준비하며 반드시 읽어야 되는 핸드북이라고 생각했습니다.

나사렛 대학원 한인 목회학 박사 코디네이터
번역자 김 인 경

저자에 관하여

    로베르또 허지슨 박사는 1985년 코스타리카 신학대학에서 학사 학위를 받았습니다. 학업을 이수하면서 수학하는 동안 1982년에서 1985년까지 코스타리카 샌 패드로 포아스에서 목회하셨습니다. 1986년 목사 안수를 받으셨습니다.

    그 해의 워싱턴 디씨에서 1986년에서 2002년까지 나사렛 교회에서 목회하시고 다시 1993년부터 2002년까지 워싱턴 히스패닉 교회 코디네이터로 사역하셨습니다.

    2003년 웨슬리 대학원에서 석사 학위 이수하시고 신학 대학원 재단에서 목회학 박사를 취득하셨습니다. 2002년 이후에 북미주 캐나다 스페인어 사역 감독으로 역임, 2007년-2012년 서남부 라틴 아메리카 지방 감독을 역임하셨습니다. 2012년 5월부터 현재까지 북미주 캐나다 민족 사역 감독을 역임하고 계십니다.

머리말

여러 해 동안 여러 사역자들이 사역의 책임에 임하는 방법을 보고 저는 비판적으로 생각해 왔었습니다.

때때로 우리는 좋고 아름다운 교리와 행정 원리와 건강하고 건전한 교회를 세울 수 있는 내부 구조 조직을 가지고 있지만 우리가 예수님의 온전하고 선교적인 삶을 교회의 삶에서 그 콘텍스트에 맞게 적용하는 실제적인 모델로 삼기에는 우리는 너무 부족합니다.

다른 수천 명의 종들처럼 교회가 빛과 소금의 역할을 감당하기 원한다면 저도 마태복음의 5장 13-14절의 예수님 말씀처럼 딱딱한 많은 논쟁을 할 것이 아니라 예수님의 진리가 우리 몸에 배어 삶이 되고 우리의 환경과 상황 속의 삶의 현장에서 보여져야 하고 혼돈 속에 있는 이 세상을 대처할 준비가 되어 있어야 한다고 믿습니다.

이러한 삶의 현장에서 제가 이 귀중한 책에 담겨진 저자의 글들과 생각들을 읽으며 경탄과 감사를 드립니다. 이 책은 단지 추상적인 가설이 아니고 실제적인 삶의 현장에서 콘텍스트에서 예수님의 성육화되신 진리와 사역이 실제로 이루어질 것을 추정한 것입니다.

저는 저자의 목차 내용이 정말 맘에 듭니다: 저자는 "하나님의 계획으로 시작했고 그 계획이 지상초대의 명령으로 변화하여 끝나는 것"이라고 합니다.

다시 말하면 그 인간 구원을 위한 하나님의 계획이시고 그 명령은 교회가 실천해 나아가야 할 선교 사명의 프로젝트입니다. 여하튼 그는 우리에게 온전한 교회의 활동을 제시해 주셨습니다.

이 둘은 나뉘어져서는 안됩니다. 예를 들어 성령님의 역사는, 금식과 기도로 준비한 사람에게는 복음을 제시할 때 간결하고 능력의 기름 부음으로, 성 육신의 방법으로 그 준비한 결실로 나타납니다. 저자는 모든 하나님 나라의 진실된 선교사님들이 되고자 하는 주님의 종들로서 모든 지식의 기초가 되는 성경 말씀을 바르게 아는 중요성을 지적했습니다.

이 지식은 우리를 하나님의 심장으로 인도 하고 하나님은 당신을 찾는 이들에게 먼저 당신의 계획을 나타내심으로 보여주십니다. 간단한 말로 온전히 하나님을 잘 모르는 남녀는 절대로 온전한 선교사가 될 수 없다는 것입니다.

또 다른 중요한 열쇠가 되는 요소는: 우리가 이 책에서 초두에서 본 것처럼 교회는 하나님의 놀라운 계획을 실현해 드리기 위해 창조되었습니다. 우리가 생활에서 예수님에 대한 모든 지식, 진리, 그리고 경험을 우리 몸 자체에 담고 우리가 성육화의 삶을 살도록, 그렇게 함으로 예수님의 증인이 "될 수" 있고 선교사가 "될 수" 있도록 확실하게 우리를 도전합니다. 작자는 여러 해 동안 저와 사귀어 온 지인입니다. 그는 저의 개인적인 친구이며, 이 부패한 세상에 이루어져야 할 하나님 나라에 대한 그의 열정과 열심을 저는 익히 보아 왔습니다. 저자 자신의 경험의 실과로 그러나 무엇보다 그의 말씀과 삶의 일치하는 실천을 통해서 이분보다 더 이 문제에 대하여 더 잘 쓰고 제시할 수 있는 분은 없을 것입니다 그러므로 저는 주님께 감사드리며 그리고 교회가 하나님이 주신 책임의 사역을 열정적으로 하는 데로 복귀해야 한다는 예리한 진리를, 그 필요를 매우 민감하게 느끼고 겸손하게 나누시는 주님의 종에게 감사드립니다.

아울러 저는 이 책이 선교학, 전도, 리더십 코스의 코스웍이 되도록 추천합니다. 이 책을 읽고 나누시거나 또한 읽으시는 모든 분들 위에 하나님의 축복과 도전이 있으시기를 기원합니다. 저자가 들어가는 말에서 표현했던, 집필할 때 드린 그 기도를 드립니다. "하나님께서 주신 교회의 사명을 실천하면서 순종하고 충성하는 모든 종들께 이 책이 축복의 도구가 되게 하소서."

레오넬 데 레온 메소아메리카 전략 코디네이터

들어가는 말

　예수님의 선교 실천의 원리에 대한 책 집필의 아이디어는 2012년 5월 밥 부로드북스 박사님께서 저를 북미주 캐나다의 다문화 사역 감독으로 임명하셨을 당시에 떠올랐습니다. 저의 새 사명의 특권은 2002년 이후 스페인어 사역 선교 감독과 함께 16개 언어와 다른 민족들의 사역을 후원하고 여정 일체를 지원하고 지도하며 책임 한계와 그 사역 원칙과 내용을 준비하는 것이었습니다.
　이 새로운 단계의 사역, 새로 임명 받은 사명을 시작하고 어떻게 실행해 나갈 지 주님의 인도하심을 받기 위해 저는 금식하고 기도하며 주님을 찾았습니다. 저는 다른 언어와 민족들의 지도자들과 계속 접촉함이 매우 중요하고, 선교 실천을 위해 성서적인 영감을 준비시켜 주는 것이 중요하다고 느꼈습니다. 그래서 매달 전자 뉴스레터를 디자인해서 각각 다른 다민족, 다양한 언어의 전략 국장, 전략 위원들에게 보내는 아이디어를 냈습니다. 이 전자 뉴스레터는 성서적 묵상, 뉴스와 이벤트들, 회의들, 통계 자료들, 기도 요청들 등이었습니다.
　지금 저는 의사 소통 수단 – 전자 뉴스레터를 갖고 있어서 다음 단계는 내용을 찾고 그 목적 달성을 위한 다문화 리더들과 함께 뉴스레터를 보내는 내용을 준비하는 것이 되겠습니다.

이것이 바로 제가 예수님의 선교사명 실천원리 시리즈를 시작한 동기입니다. 저는 매월 복음서에서 예수님이 그 분의 선교 실천의 원리를 실천하신 것을 찾았습니다. 저는 예수님이 사용하신 7개의 원리를 따르고 관찰하면서 묵상을 써가며 황홀했고 축복을 받았습니다.

분명히 제가 발견한 원리가 전혀 새로운 것은 아닙니다. 제가 예수님 영화도 보고 수없이 많이 읽었던 복음서에 또 책에서 많이 읽은 적이 있는, 아주 잘 알고 있는 제목이었습니다. 설교도 읽었고, 들었고, 컨퍼런스에서도 들었고 동료들과의 대화에도 참석했던 것이었습니다. 제게 새로웠던 것은 그 원리를 시리즈로 묵상하며 썼다고 하는 것입니다. 예수님께서 선교 실천에 적용하셨을 뿐 아니라 시스템을 만드셨다는 것입니다.

예수님이 사용하셨던 원리를 발견하려고 복음서를 읽으면서 그 원리들이 제자들을 의도적으로 훈련하는데 어떻게 전달되어졌는지 이 경험은 새로운 선교의 실천에 있어 주님의 발자취를 따라야 하는 사역 활동들에 신선하고 새로운 안목을 주었습니다. 또 한편은 내가 이 원리를 확장시켜 간단한 책의 모양으로 형태를 바꿔 오늘날 목회사역에서 실제적으로 짧은 장으로 원리들을 묵상하고 적용하도록 하는 안목을 주었습니다.

이 책을 집필하는 과정에서 저는 "하나님께서 주신 교회의 사명을 실천하면서 순종하고 충성하는 모든 종들에게 이 책이 축복의 도구가 되게 하소서"라고 기도했습니다.

차례

바칩니다	3
감사의 글	4
추천사	5
저자에 관하여	9
머리말	10
들어가는 말	13

- 제 1 장 하나님의 계획 … 17
- 제 2 장 성 령 님 … 23
- 제 3 장 성경 말씀 … 32
- 제 4 장 아버지와 친밀한 관계 … 38
- 제 5 장 기도와 금식 … 45
- 제 6 장 사도들의 선택 … 54
- 제 7 장 설교와 하나님 나라 운동 … 61
- 제 8 장 비 전 … 70

제 9 장	믿 음	78
제 10 장	긍 휼	86
제 11 장	조 직	92
제 12 장	쉼과 영적 재충전	99
제 13 장	종과 겸손	105
제 14 장	섬김의 값	112
제 15 장	천국의 실과	119
제 16 장	선교의 명령	125

결론 132

인용문헌 134

제 **1** 장

하나님의 계획

"하나님이 세상을 이처럼 사랑하사 독생자를 주셨으니 이는 저를 믿는 자마다 멸망치 않고 영생을 얻게 하려 하심이라 하나님이 그 아들을 세상에 보내신 것은 세상을 심판하려 하심이 아니요 저로 말미암아 세상이 구원을 받게 하려 하심이라" (요한복음 3:16-17)

창세기에 천지 창조의 스토리는 창조주와 피조물 사이에 존재했던 하모니를 말해 줍니다. 모든 창조 활동 후에 언급된 표현에 관하여 성경 기자는 감탄했습니다. "하나님이 보시기에 좋았더라."

창세기 2:1-3 "천지와 만물이 다 이루니라 하나님이 지으시던 일이 일곱째 날이 이를 때에 마치니 그 지으시던 일이 다 하므로 일곱째 날에 안식하시니라 하나님이 일곱째 날을 복 주사 거룩하게 하셨으니 이는 하나님이 그 창조하시며 만드시던 모든 일을 마치시고 안식하셨음이더라"

창조주 하나님은 하나님이 창조하신 것을 돌보는 청지기 아담과 하와와 함께 완전하고 친밀한 관계를 가지고 계셨습니다. 또한 아담과 하와가 선과 악을 택하는데 자유 의지를 사용하는 유예 기간을 주셨습니다. 이 유예기간은 하나님의 명령에 순종하는 조건이었습니다.

창세기 2:16-17 "여호와 하나님이 그 사람에게 명하여 가라사대 동산 각종 나무 실과는 네가 임의로 먹되 선악을 알게 하는 나무의 실과는 먹지 말라 네가 먹는 날에 는 정녕 죽으리라 하시니라"

만일 하나님께서 인간 자의적인 봉사로 영광을 받으신다면 시험을 통과해야 합니다. 유혹의 대상이 되는 것이지요. 불가피한 죄의 가능성입니다.[1] 불행하게도 아담과 하와는 자기들의 눈과 안목의 정욕과 욕망을 택하였습니다. 그래서 하나님께서 세우신 것을 불순종했습니다. 그들은 사탄이 하나님 말씀을 바꾸어 한 거짓말에 속았고 하나님 말씀을 불순종했습니다. "하나님이 참으로 너희에게 동산 모든 실과를 먹지 말라 하시더냐?"

아담과 하와의 불순종은 모든 하나님의 피조물에게와 인류에게 심각한 결과를 초래했습니다. 그 즉각적인 불순종, 곧 그들의 죄의 결과로 창조주와 그 피조물과의 완전한 하모니가 깨졌다는 것입니다. 사랑의 하나님 창조주께서 불순종한 아담과 하와를 찾아오셨고 그 후 항상 계속해서 인류의 죄와 그 결과인 저주로부터 구원하실 길을 찾으셨습니다.

거룩하시고 사랑이 많으신 하나님은 불순종한 아담과 하와에게 징벌을 내리셔야 했습니다. 하나님의 거룩하신 본질은 죄의 불순종을 묵과 하실 수 없었습니다. 의로우시고 자비로우신 하나님은 구원의 계획을 품으시고 죄를 벌하셨습니다.

> 창세기 3:15 "내가 너로 여자와 원수가 되게 하고 너의 후손도 여자의 후손과 원수가 되게 하리니 여자의 후손은 네 머리를 상하게 할 것이요 너는 그의 발꿈치를 상하게 할 것이니라"

"네가 그 발꿈치를 상하게 하리라"는 사단이 예수님 지상에 계실 때 항상 예수님을 치려고 했던 것을 지적한 것입니다. "저는 너의 머리를 상하게 할 것"이라고 그리스도께서 죽음에서 일어나실 때 이미 사단이 패하게 될 것을 선포하셨습니다. 발꿈치를 상하게 하는 것은 치명적인 것이 아니지만 머리를 부숴뜨리는 것은 확실히 치명적 입니다. 하나님께서는 이미 사단을 패하게 하실 것을 나타내시며 하나님의 아들 예수 그리스도를 통하여 인류를 구원하실 계획을 나타내셨습니다.[2]

하나님은 역사를 통하여 자기 백성을 구원하실 계획을 나타내셨습니다. 하나님의 선지자들과 대변인들은 이스라엘 사람들과 열방에게 죄와 그 결과로부터 자유케 하는 메시아의 오심을 미리 알려줬습니다. 구약에 있는 메시아에 관한 하나님의 역사의 가닥들이 하나님의 완벽한 구원의 계획을 향하여 엮어졌고 인류의 역사 가운데 메시아의 인격, 그리스도 구원자, 하나님의 기름부음 받은 자 안에서 서로 만나 연결되어 있습니다.

이사야 43:1-4 "야곱아 너를 창조하신 여호와께서 이제 말씀하시느니라 이스라엘아 너를 조성하신 자가 이제 말씀하시느니라 너는 두려워 말라 내가 너를 구속하였고 지명하여 불렀나니 너는 내 것이라 네가 물 가운데로 지날 때 내가 함께 할 것이라 강을 건널 때 물이 너를 침몰치 못할 것이며 네가 불 가운데로 행할 때에 타지도 아니할 것이며 불꽃이 너를 사르지 못하리니 대저 나는 여호와 네 하나님이요 이스라엘의 거룩한 자요 네 구원자 임이라 내가 애굽을 너의 속량물로, 구스와 스바를 너의 대신으로 주었노라 내가 너를 보배롭고 존귀하게 여기고 너를 사랑하였은즉 내가 사람들을 주어 너를 바꾸며 백성들로 네 생명을 대신하리니"

이스라엘 사람들은 하나님께서 어느 날 그분의 종 메시아를 보내사 당신의 백성들을 공평과 정의로 치리하신다고 하신 하나님의 그 언약을 믿고 기대하며 소망 가운데 살았습니다. 이 역사적인 메시아의 약속은 이스라엘 백성을 격려했고 하나님의 백성들로서 역사 가운데에서 힘들고 괴로운 경험들을 잘 견디어 낼 수 있게 했습니다.

완전한 때에 하나님은 믿음의 조상 아브라함과 그의 후손들에게 기다리던 메시아를 보낸다고 하신 약속을 실현하셨습니다. 하나님은 신실 하시며 그분의 때에 모든 약속을 지키십니다. 하나님은 이 땅에 오셔서 모든 인류를 완전하게 구원하실 계획을 실행하실 그분의 외아들 예수님을 육체 가운데 성육신시키셔서 인류의 역사 속으로 들어오게 하셨습니다.

요한복음 1:14-16 "말씀이 육신이 되어 우리 가운데 거하시매 우리가 그 영광을 보니 아버지 독생자의 영광이요 은혜와 진리가 충만하더라 요한이 그에 대하여 증거 하여 외쳐 가로되 내가 전에 말하기를 내 뒤에 오시는 이가 나보다 앞선 것은 나보다 먼저 계심이니라 한 것이 이 사람을 가리킴이라 하니라 우리가 다 그의 충만한 데서 받으니 은혜 위에 은혜러라"

사도 베드로는 그리스도 안에 있는 소망에 대하여 이렇게 증거 합니다.

베드로후서 1:10-11 "그러므로 형제들아 더욱 힘써 너희의 부르심과 택하심을 굳게 하라 너희가 이 것을 행한즉 너희가 실족지 아니하리라 이같이 하면 우리 주 곧 구주 예수 그리스도의 영원한 나라에 들어감을 넉넉히 너희에게 주시리라"

그 분은 참으로 하나님이십니다. 그러나 그리스도 안에서 그 분의 인성과 신성을 나타내심은 결코 인성과 신성이 그분 안에 따로 구별되어 있거나 중간 상태에 계신 것이 아닙니다. 우리는 그리스도 안에서 육체 가운데 계신 신성의 충만하심을 봅니다. 한정된 인성 가운데 신성의 모습이 아니고 오히려 신성 가운데 인성이 함께 하심을 봅니다.[3]

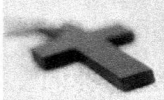 **묵상할 질문들**

1. 이 장에서 하나님의 구원의 계획이 당신에게 어떤 강한 영향을 주었습니까?
2. 예수 그리스도 안에서 하나님의 약속이 그의 백성들을 어떻게 도왔습니까?
3. 당신은 이 장에서 어떤 성경 말씀을 사용하시겠습니까?
4. 메시아에 관한 예언에서 당신은 감동받으신 적이 있습니까?
5. 하나님의 신실하심과 당신을 위한 그 분의 약속을 어느 정도 느끼시는지요? (아래 표에 표시해 보세요.)

```
        0   |   |   |   5   |   |   |   10
```

출애굽기 19:5-6 "세계가 다 내게 속하였나니 너희가 내 말을 잘 듣고 내 언약을 지키면 너희는 열국 중 에서 내 소유가 되겠고 너희가 내게 대하여 제사장 나라가 되며 거룩한 백성이 되리라 너는 이 말을 이스라엘 자손에게 고할지니라"

6. 내가 하나님의 약속을 신뢰하기 위해 무엇을 해야 합니까?
   찬양 – 서있기, 서있기, 나의 구원자 하나님의 약속 위에 서있기.
   서있기, 서있기, 나는 하나님의 약속 위에 서있네.
7. 이 장에서 더 묵상하고 되새겨보기 위하여 당신이 발견한 말씀을 붙잡고 기도하며 연구하세요.

제 2 장

성령님

"예수께서 세례를 받으시고 곧 물에서 올라 오실 새 하늘이 열리고 하나님의 성령이 비둘기 같이 내려 자기 위에 임하심을 보시더니 하늘로서 소리가 있어 말씀하시되 이는 내 사랑하는 아들이요 내 기뻐하는 자라 하시니라" (마태복음 3:16-17)

성령님은 예수님께 공적으로 보내졌고 그분이 하나님의 아들을 통한 구원의 약속이신 실로 진짜 메시아이신 것을 공적으로 선포하셨습니다. 삼위일체 하나님은 인류의 구원의 역사 가운데 임재 하십니다. 성령님은 인도하시기 위해 공생에 사역하시는 예수님 안에 계셨습니다.

누가복음 4:1 "예수님께서 성령의 충만하심을 입어 요단강에서 돌아오사 광야에서 사십일 동안 성령에게 이끌리시며"

성령님은 예수님의 하나님 나라 선교 사역을 실현하시는데 신실하신 동행자였습니다. 성령님은 광야에서 마귀의 시험을 대적하고 대항하는 데와 그의 모든 사역에서 예수께 힘을 주셨습니다.

16절에 "말씀하시기를 예수님은 시험을 당하셨지만 … 예수님은 한번도 불복종하지 않으시고 죄를 짓지도 않으셨다"고 기록되어 있습니다. 예수님께서는 말씀을 아실 뿐 아니라 순종하셨으므로 모든 시험을 이기실 수 있으셨습니다(에베소서 6:17).[1]

광야에 계셨던 동안이 예수님께서 공생애 사역을 시작하시는데 필요하셨습니다. 첫째, 금식과 기도를 통해 성령님과 친밀한 교제를 하셨고 둘째, 사단이 시험하러 왔을 때 물리쳤을 뿐 아니라 죄를 짓지 않으셨으며 사단의 시험에 빠지지 않고 그 거짓에 속지 않을 수 있다는 것을 증거하시는 좋은 본을 보여 주셨습니다.

> 누가복음 4:14-15 " 예수께서 성령의 권능으로 갈릴리에 돌아 가시니 그 소문이 사방에 퍼졌고 친히 그 여러 회당에서 가르치시매 뭇사람에게 칭송을 받으시더라"

예수님께서 성령의 능력과 기름 부으심으로 사역하시는 것이 필요하였습니다. 하나님 나라의 선교 사역을 효과적으로 수행하시기 위해 성령님의 임재가 가장 기본적이고 반드시 필수적이라는 좋은 본보기로 보여 주셨습니다. 오직 성령의 능력으로 예수님은 승리의 시작을 출범하셨고 하나님 아버지의 선교 사명을 끝내실 수 있었습니다.

선교 사역을 효과적으로 수행하시면서 그 분은 이성을 통하여 일하셨을 뿐 아니라 또한 하나님께서 무한히 주시는 성령님의 전이었습니다(요한복음 3:34). 모든 것이 인간의 대표인 아들에게 속하였고 성령님은 그 분을 인도하고 계셨습니다. 성령님은 지상에서 사역 하시는 동안 사역을 지휘하시고 그 분을 인도하시고 힘 주시고 계셨습니다.[2]

예수님이 떠나시기 전에 주님은 제자들과 동행하기 위해 성령님이 오실 것을 미리 말씀해 주셨습니다. 날마다의 삶 속에서 힘들고 어려울 때 위로하고 힘주실 것입니다.

> 요한복음 16:7 "그러하나 내가 너희에게 실상을 말하노니 내가 떠나가는 것이 너희에게 유익이라 내가 떠나가지 아니하면 보혜사가 너희에게로 오시지 아니할 것이요 가면 내가 그를 너희에게로 보내리니"

예수님께서는 제자들의 삶에 성령님의 임재가 얼마나 필수적 인지를 아셨습니다. 성령님은 제자들이 신실하고 효과적으로 하나님 나라의 선교 사명을 수행할 수 있도록 도우실 것이었기 때문입니다. 예수님은 자기를 따르는 제자들에게 자주 성령님의 중요성을 가르치셨습니다.

> 누가복음 24:49 "볼지어다 내가 내 아버지의 약속하신 것을 너희에게 보내리니 너희는 위로부터 능력을 입히울 때까지 이 성에 유하라 하시니라"

비유를 통하여 예수님은 그들의 삶 가운데 성령님의 임재를 추구해야 하는 것을 가르치셨습니다.

누가복음 11: 9-13 "내가 또 너희에게 이르노니 구하라 그러면 너희에게 주실 것이요 찾으라 그러면 찾을 것이요 문을 두드리라 그러면 너희에게 열릴 것이니 구하는 이마다 받을 것이요 찾는 이가 찾을 것이요 두드리는 이에게 열릴 것이니라 너희 중에 아비된 자 누가 아들이 생선을 달라 하면 생선 대신 뱀을 주며 알을 달라 하면 전갈을 주겠느냐 너희가 악할지라도 좋은 것을 자식에게 줄줄 알거든 하물며 너희 천부께서 구하는 자에게 성령을 주시지 않겠느냐 하시니라"

예수님께서는 지상에서 하나님 나라의 선교 사역을 하실 때 가지셨던 모든 성령의 능력과 기름 부으심을 제자들이 모두 소유하기를 원하셨습니다. 이것이 바로 예수님이 하나님 아버지께 승천하시기 전에 마지막으로 제자들에게 당부 말씀하신 이유입니다.

사도행전 1:8-9 "오직 성령이 너희에게 임하시면 너희가 능력을 받고 예루살렘과 온 유대와 사마리아 땅끝까지 이르러 내 증인이 되리라 하시니라 이 말씀을 마치시고 저희 보는 데서 올리워 가시니 구름이 저를 가리워 보이지 않게 하더라"

오순절 약속하셨던 성령님의 실현이 순종하며 기다렸던 모두 위에 임하셨습니다. 하나님 나라안에서 교회를 위한 새로운 세대가 열렸습니다. 제자들에게 성령님을 보내시겠다는 예수님의 약속의 실현은 여러 가지 초자연적인 사건들이 연속으로 함께 나타났습니다. 하늘로부터 급하고 강한 바람, 불의 혀, 다른 방언들이 임하여 자기들의 언어로 천국의 기쁜 소식을 듣는 것 등으로 사도행전에 기록된 대로 3000명이 구원 받는 역사가 일어났습니다.[3]

구약에서 하나님께서는 하나님의 특별한 사명을 위해 부름받은 분들에게 하나님의 영을 부어주셨습니다. 그 성령님은 다윗 왕과 같이 초자연적 능력을 부어주시면서 한정된 수의 사람들에게 보내 주셨습니다.

> 사무엘상 16:13 "사무엘이 기름 뿔을 취하여 그 형제 중에서 그에게 부었더니 이날 이후로 다윗이 여호와의 신에게 크게 감동되니라"

이 새로운 은사 시대에 성령님은 선교사 사명과 관계된 모든 것에 관하여 모든 사람들과 교회에 오셔서 가르치시고 인도하시며 능력을 부어 주시려고 기다리십니다.

> 요한복음 14:26 "보혜사 곧 아버지께서 내 이름으로 보내실 성령 그가 너희에게 모든 것을 가르치시고 내가 너희에게 말한 모든 것을 생각나게 하시리라"

주님, 예수 그리스도의 교회는 은혜로 주시는 성령님의 능력을 소유하는 축복을 기대합니다. 사도행전은 교회에서 역사하시는 성령님의 능력을 증거하며 기록하였습니다. 박해로 고통을 당하던 때에도 교회 사명을 실현하는데 성령님이 그들을 돕고 힘을 실어 주셨던 명확한 사실입니다.

> 사도행전 4:29-31 "주여 이제도 저희의 위협함을 하감하옵시고 또 종들로 하여금 담대히 하나님의 말씀을 전하게 하여 주옵시며 손을

내밀어 병을 낫게 하옵시고 표적과 기사가 거룩한 종 예수의 이름으로 이루어지게 하옵소서 하더라 빌기를 다하매 모인 곳이 진동하더니 무리가 다 성령이 충만하여 담대히 하나님의 말씀을 전하니라"

초대교회는 하나님 나라의 사명을 전파하시기 위하여 성령님이 동행하시고 인도 하셨습니다. 기독교 역사 최초의 순교자로 스데반은 "은혜와 권능이 충만하여 큰 기사와 표적을 민간에 행하니"라고 기록되었습니다.

폭발된 핍박으로부터 도망하던 빌립의 경우와 같이 성령님은 교회가 어디를 가던지 증인의 사명을 감당하도록 도우셨습니다.

사도행전 8:5-8 "빌립이 사마리아 성에 내려가 그리스도를 백성에게 전파하니 무리가 빌립의 말도 듣고 행하는 표적도 보고 일심으로 그의 말하는 것을 좇더라 많은 사람에게 붙었던 더러운 귀신들이 크게 소리를 지르며 나가고 또 많은 중풍병자와 앉은뱅이가 나으니 그 성에 큰 기쁨이 있더라"

사도 바울은 성령으로 사역하였고 그는 인간의 지식에 의존하여 설교하지 않았으며 성령 안에서 하나님의 능력으로 설교했습니다.

고린도전서 2:4-5 "내 말과 전도함이 지혜의 권하는 말로 하지 아니하고 다만 성령의 나타남과 능력으로 하여 너희 믿음이 사람의 지혜에 있지 아니하고 다만 하나님의 능력에 있게 하려 하였노라"

사도 바울은 데살로니가 교회에 어떻게 말씀이 전해졌는지를 기억시켜 줍니다.

> 데살로니가전서 1:5 "이는 우리 복음이 말로만 너희에게 이른 것이 아니라 오직 능력과 성령과 큰 확신으로 된 것이니 우리가 너희 가운데서 너희를 위하여 어떠한 사람이 된 것은 너희 아는 바와 같으니라"

성령님은 교회의 능력의 원동력이 되시고 하나님 나라 사명을 효과적으로 신실하게 실천하는데 꼭 필수적인 분이십니다. "성령님은 우리의 죄를 깨닫게 하시고 깨끗하게 하시며 채우시고 하나님의 은혜로 능력을 부어 주시고 교회의 공동체 안으로 들어가도록 날마다 영적 훈련과 정결함, 윤리와 도덕적으로 올바름, 긍휼과 정의로운 사람으로 우리를 변화시켜 가십니다."[3] 교회는 흑암의 세력을 대적하고 하나님 나라를 확장시켜 나가는 데에 예수님과 초대교회가 그러했듯이 절대적으로 성령님의 능력에 의존해 왔습니다. 하나님 나라의 위대한 종들은 교회의 사명을 전진시키며 수립, 확장시켜 나가는데 성령님의 특별하신 역사들을 증거하십니다.

요한 웨슬리 사역의 동역자였던 제임스 허비는 웨슬리 사역에 큰 차이를 가져다 주신 성령님의 역사를 이렇게 기술했습니다: 비록 그의 설교가 불화살 같다 할지라도 그 살을 당기려면 그의 팔 힘의 속도 능력을 의지해야 합니다. 그건 마치 총알을 쏘는 것과 같은데 실은 방아쇠를 당기는 그 모든 힘이 손가락의 힘에 달려 있는 것입니다."[4]

나사렛교회의 창시자인 피니어스 브리지는 그 분의 자서전을 쓰는 칼방씨에게 캘리포니아 포트 회에서 목회한 2년 후에 아주 특별한 경험을 하였노라고 전했습니다.

"제가 성공을 했을지라도 하나님께 저는 계속해서 신실하게 무언가 나의 갈급함을 충족시키는 경험을 주시라고 기도하고 또 기도했습니다. 어느 오후 저녁에 저의 집 거실에서 기도하고 있었습니다. 한참 후에 혜성 같은 불공이 저를 향하여 떨어져 내렸습니다. 그리고 저는 '마셔라' '마셔라'하는 음성을 들었습니다. 저는 그 때 즉시 제 얼굴과 입술을 가렸습니다. 저는 그 음성에 순종하려고 조금씩 마셨습니다. 그 불같은 느낌이 여러 날 동안 제 가슴을 태우고 변화가 일어나기 시작했습니다. 그 때 내 마음에 변화가 일어났고 내 삶에 큰 축복이었으며 전에 경험 해보지 못했던 영광스러운 기름 부으심이었습니다. 제 인생에서 맛보지 못했고 찾았던 필요가 채워져 만족감을 느꼈습니다. 그 경험 후에 나의 그 경험이 많은 사람들을 변화시키는 것을 보았습니다."[5]

이 큰 믿음의 두 영웅들은 두 분의 세대에 하나님 나라 사명 또는 사역을 위해 그들이 국경을 넘어 가는 곳 마다 하나님 나라 사역에 거대한 임팩트를 남겨 놓았습니다. 오늘날 이 두 영웅들로부터 받은 신학적이고 교리적인 유산을 선포하는 이들은 하나님 나라의 사명 실천을 위하여 그와 같은 성령님의 같은 경험을 추구 합니다.

오, 그리스도안에 있는 나의 동역자들이여! 우리는 성령에 충만하고 푹 젖어서 하나님의 능력이 우리에게 임하고 또 임하여서 성령으로 채워진 삶, 즉 우리 삶을 다 내려 놓고 내가 아니라 하나님의 영이라고 말할 수 있도록 성령 속에 깊이 침투되어 살아야 합니다.[6]

 **묵상할 질문들**

1. 예수님이 성령 받으시고 성령의 능력과 기름부음과 동행하심으로 사신 그 생애와 사역에 관한 이 장에서 당신의 사명 실천에 관해서 당신은 어떤 강한 영향을 받으셨습니까?
2. 예수님의 성령님의 약속은 어떻게 그 제자들을 도와 주었습니까?
3. 당신은 이 장에 관하여 어떤 성경 말씀을 사용하시겠습니까?
4. 성령의 충만함을 입은 주님의 종들이 하나님의 사명을 감당하는데 당신에게 어떤 감동을 주었습니까?
5. 현재 당신은 하나님 나라 사역에 있어서 성령의 기름 부으심과 능력 충만이 어디쯤 있으십니까? (아래 표에 표시해 보세요.)

```
0           5           10
```

6. 사명을 잘 감당하기 위해 성령 충만하고 능력으로 충만하기 위해 무엇을 해야 합니까?

> 오 뜨거운 불이 내게 어떻게 떨어졌는지 난
> 잊을 수가 없어 주님이 나를
> 거룩하고 성결하게 하신 그 불을
> 난 잊을 수가 없어
> 나는 성령 그 성령의 불을 잊을 수가 없어! (찬양 506)

7. 가능하시면 이 장에 관하여 더 깊은 묵상을 하시며 은혜 되시는 말씀을 연구하시며 기도하시기 바랍니다.

제 3 장

성경 말씀

"너희가 성경에서 영생을 얻는 줄 생각하고 성경을 상고하거니와 이 성경이 곧 내게 대하여 증거하는 것이로다" (요한복음 5:39)

예수님은 성경을 잘 아시고 계셨습니다. 선교 사명을 실현하시기 위해서 예수님은 계속 말씀을 인용하셨습니다. 어린 시절에 그 분은 율법사들과 하나님의 백성들을 위해 율법을 해석하고 풀어 가르치는 학자들과 변론하셨습니다.

누가복음 2:46 "사흘 후에 성전에서 만난즉 그가 선생들 중에 앉으사 저희에게 듣기도 하시며 묻기도 하시니"

예수님이 광야에서 시험을 당하실 때 그 마귀의 거짓과 올무를 대적하여 승리하실 수 있었던 것은 성경 말씀을 인용하여 대적하셨기 때문입니다.

> 마태복음 4:4 "사람이 떡으로만 살 것이 아니요 하나님의 입으로 나오는 모든 말씀으로 살 것이라 하였느니라"

매번 마귀는 예수님을 시험하기위해 어떤 것을 제공하였고 예수님께서는 확신 있게 "가라사대 '주 너희 하나님을 시험치 말라' 하였느니라"고 말씀하셨습니다. 예수님께서는 회당을 방문하셔서 성경 말씀을 확신시키시며 가르치셨습니다.

유대인들의 종교생활 중에서 회당은 대단히 중요한 곳이었습니다. 유대인들의 포로 생활 중에 저들은 하나님의 성전에 갈 수 없어서 주중에는 학교로 자녀들을 보내어 가르치고 토요일에는 하나님께 경배드릴 수 있는 장소, 곧 회당을 설립했습니다.[1]

누가는 예수님께서 회당에 들어 가시니 선지자 이사야의 글을 드리거늘 책을 받으시고 읽으셨다고 기록 했습니다. 여기에 메시아가 오실 것을 미리 알리는 말씀이 기록된 것이었습니다(이사야 61:1-2). 성경 말씀을 봉독하신 후에 예수님께서 "오늘 이 말씀이 너희 귀에 응하였느니라"고 말씀하셨습니다.

종교 지도자 사두개인들은 부활을 믿지 않고 죽음 이후의 삶에 관하여 자기들만의 소견을 가지고 있었습니다. 사두개인들은 예수님께 직접 와 자기들의 부활에 관한 이론을 모세의 율법을 인용하면서 주장하면서 예수님께 반대하려고 죽음 이후에 부활이 있는지를 문의하였습니다. 그러나 예수님께서는 성경의 그릇된 글자 해석을 지적하시면서 교정하셨습니다.

마가복음 12:24-27 "예수께서 가라사대 너희가 성경도 하나님의 능력도 알지 못함으로 오해함이 아니냐 사람이 죽은 자 가운데 살아 날 때에는 장가도 아니 가고 시집도 아니 가고 하늘에 있는 천사들과 같으니라 죽은 자의 살아 난다는 것을 의논할진대 너희가 모세의 책 중 가시나무 떨기에 관한 글에 하나님께서 모세에게 이르시되 나는 아브라함의 하나님이요, 이삭의 하나님이요, 야곱의 하나님이로라 하신 말씀을 읽어 보지 못하였느냐 하나님은 죽은 자의 하나님이 아니요 산 자의 하나님이시라 너희가 크게 오해 하였도다 하시니라"

예수님께서는 제자들에게 성경의 기본적인 마음을 가르치시고 부활하신 후에 그들에게 확인시키셨습니다.

누가복음 24:27 "이에 모세와 및 모든 선지자 글로 시작하여 모든 성경에 쓴 바 자기에 관한 것을 자세히 설명하시니라"

사도들은 하나님의 아들 예수 그리스도 안에서 구원의 계획을 증거하기 위하여 성경 말씀을 사용하였습니다. 오순절에 사도 베드로는 성령님의 오심에 관하여 성경 말씀을 인용하였습니다.

사도행전 2:16-18 "이는 선지자 요엘로 말씀하신 것이니 일렀으되 하나님이 가라사대 말세에 내가 내 영으로 모든 육체에게 부어 주리니 너희의 자녀들은 예언할 것이요 너희의 젊은이들은 환상을 보고 너희의 늙은이들은 꿈을 꾸리라 그때에 내가 내 영으로 내 남종과 여

종들에게 부어 주리니 저희가 예언할 것이요"

빌립 집사는 에디오피아인 너시를 전도하기 위해 하나님 말씀을 사용 했습니다.

사도행전 8:35 "빌립이 입을 열어 이 글에서 시작하여 예수를 가르쳐 복음을 전하니"

사도 바울이 베뢰아에 왔을 때 그는 성경 말씀을 통하여 예수 그리스도를 그들에게 가르쳤습니다.

사도행전 17:11-12 "베뢰아 사람은 데살로니가에 있는 사람보다 더 신사적이어서 간절한 마음으로 말씀을 받고 이것이 그러한가 하여 날마다 성경을 상고하므로 그 중에 믿는 사람이 많고 또 헬라의 귀부인과 남자가 적지 아니하나"

예수 그리스도 안에 있는 하나님의 구원의 계획을 위한 초대교회의 교리, 교육의 근원도 모두 하나님의 말씀에 기초를 두었습니다.

고린도전서 15:3-4 "내가 받은 것을 먼저 너희에게 전하였노니 이는 성경대로 그리스도께서 우리 죄를 위하여 죽으시고 장사 지낸바 되었다가 성경대로 사흘 만에 다시 살아나사"

역사를 통해 교회의 가장 중심된 교리를 성경 말씀의 묵시에 근원을 두었습니다. 나사렛 교회의 신조는 다음과 같이 선언 합니다."우리는 완전 영감을 믿는다. 이로써 신구약 66권은 하나님의 영감에 의해서 우리에게 허락 되었으며 우리의 구원에 관한 하나님의 뜻을 일체 오류없이 계시해 주시며 그 속에 포함되어 있지 않은 것은 무엇이나 신조로 받아들일 수 없다고 믿는다."[2]

하나님의 계시인 성경 말씀을 통해 받은 확신으로 세상에 지대한 영향을 끼친, 많은 하나님이 사용하신 남자와 여자들, 마르틴 루터나 요한 웨슬리 같은 분들과 그리고 또 다른 분들도 자신들의 삶과 가르침이 모두 "오직 성서에 기초를 두었다"고 증언했습니다. 요한 웨슬리는 "나는 한 책의 사람"이라고 말했습니다. 하나님의 말씀을 알고 순종하는 것은 사단의 유혹을 이기는 가장 효과적인 무기입니다. 성경 말씀은 하나님의 복음의 전신 갑주 중에 오직 유일한 공격 무기인 것입니다 (에베소서 6:17). 예수님께서 사단의 공격을 받으셨을 때 말씀으로 물리치셨으니 당신도 또한 그렇게 할 수 있습니다. 그러나 효과적으로 하기 위하여 하나님의 약속의 말씀을 굳게 믿어야 합니다. 왜냐하면 사단도 또한 말씀을 알기 때문입니다. 자기의 목적을 달성하기 위하여 사단은 하나님의 말씀을 구부려 거짓되게 하는데 능한 자이기 때문입니다. 하나님의 말씀을 암송하고 인용하는 것보다 말씀을 순종하는 것이 훨씬 더 중요합니다. 성경을 매일 읽고 삶에 매일 적용하세요. 그렇게 하면 "말씀의 검"이 날마다 더 예리한 검이 될 것입니다.[3]

 **묵상할 질문들**

1. 이 장에서 예수님께서 선교 사명 실천에 사용하신 하나님의 말씀이 당신에게 어떤 강한 영향을 끼쳤습니까?
2. 예수님께서 제자들에게 말씀을 가르치신 것이 당신에 어떻게 도움이 되었습니까?
3. 이 장에서 당신은 어떤 다른 성경 말씀을 사용하실 수 있습니까?
4. 사도들이 선교 사명을 실천하며 성경 말씀을 사용한 것이 당신에게 어떻게 어떤 감동을 주었습니까?
5. 당신은 사역의 실천을 위해 얼마나 성경 말씀을 적용합니까? (아래 표에 표시해 보세요.)

```
0 | | | | 5 | | | | 10
```

여호수아 1:8 "이 율법책을 네 입에서 떠나지 말게 하며 주야로 그것을 묵상하여 그 가운데 기록한 대로 다 지켜 행하라 그리하면 네 길이 평탄하게 될 것이라 네가 형통하리라"

6. 내가 어떻게 매일 말씀 묵상 생활을 할 수 있을까요?
    주님의 귀한 말씀은 내 발의 빛이요
    목마른 사막에서 샘물과 같도다 (찬송가 206)
7. 이 장을 묵상하시며 발견한 말씀을 연구하며 기도하십시오.

제 4 장

아버지와 친밀한 관계

"나를 보내신 이가 항상 나와 함께 하시도다 내가 항상 그의 기뻐하시는 일을 행하므로 나를 혼자 두지 아니하셨느니라"(요한복음 8:29-30)

예수님께서는 사역 하시는 동안 줄곧 온전히 아버지를 의존하시고 아버지와의 친밀한 관계 속에서 사셨습니다. 그 분의 관계는 하나님 나라 선교 사명의 실천을 위해 보내신 하나님의 권세에 온전하게 순복하신 사람의 좋은 본보기가 되었습니다.

이 아버지에 대한 의존은 자기의 뜻이 아니고 아버지 뜻을 이루기를 위한 것임을 보여 주십니다.

예수님은 어린 시절부터 아버지의 뜻을 이루기 위하여 오신 것을 알았습니다. 한 번은 예수님이 유월절을 경축하기 위해 육체의 부모님과 함께 있었습니다. 그 분은 율법학자들과 변론하고자 기회를 찾았습니다. 그리고 그 분은 너무 토론에 심취하여 그만 시간가는 줄을 모르고 부모님과 같이 나사렛 집으로 돌아가는 것을 잊어버리셨습니다. 그 경축 잔치에 참석한 사람들은 팔레스타인 지역에서 노상 강도의 공격을 대비해 떼로 다니는 대상들처럼 떼를 지어 여행했습니다.

그 떼의 행렬에서 맨 앞에는 여성들과 아이들, 노약자들 순으로 앞서가고 남자와 장정들은 그 뒤에 후진으로 가는 것이 그때 그들의 풍습이었습니다. 그때 12살 가량의 소년은 양쪽 그룹에 다 끼어 갈 수 있었습니다. 다른 그룹에 속한 요셉과 마리아는 아들이 자기들과 다른 그룹 속에 갈 것이라고 생각했습니다. 그러나 여행의 떼가 예루살렘을 떠날 때에 예수님은 종교 지도자들과 변론에 깊숙히 빠져 있었습니다.[1]

하루 길 후에 마리아와 요셉은 집으로 돌아가는 그룹 속에 예수가 없는 것을 주목하게 되었습니다. 그들은 심히 걱정했음이 분명했고 예루살렘으로 돌아가 거기서 예수를 찾았습니다.

> 누가복음 2:48-49 "그 부모가 보고 놀라며 그 모친은 가로되 아이야 어찌하여 우리에게 이렇게 하였느냐 보라 네 아버지와 내가 근심하여 너를 찾았노라 예수께서 가라사대 어찌하여 나를 찾으셨나이까 내가 내 아버지 집에 있어야 될 줄을 알지 못하셨나이까 하시니"

예수님은 아버지와 함께 하신 것을 증거하셨고 자기가 하나님이신 것을 말씀하실 수 있었습니다.

> 요한복음 14:7 "너희가 나를 알았더면 내 아버지도 알았으리로다 이제부터는 너희가 그를 알았고 또 보았느니라"

아버지와 친밀한 관계를 가진 어린아이만이 확신을 가지고 알릴 수 있습니다. "네가 나를 알았더면 나의 아버지도 알았으리라."

예수님은 하나님 나라의 선교 사명에 관하여 모든 것을 확실성을 가지고 하셨고 가르치셨던 것은 아버지께 대한 순종이었습니다. 그리고 제자들 중의 하나인 빌립에게 이렇게 말씀하셨습니다.

> 요한복음 14:10-11 "나는 아버지 안에 있고 아버지는 내 안에 계신 것을 네가 믿지 아니하느냐 내가 너희에게 이르는 말이 스스로 하는 것이 아니라 아버지께서 내 안에 계셔 그의 일을 하시는 것이라 내가 아버지 안에 있고 아버지께서 내 안에 계심을 믿으라 그렇지 못하겠거든 행하는 그 일을 인하여 나를 믿으라"

예수님은 아버지의 권위에 자발적으로 순복하셨습니다. 그리고 선언 하셨습니다. "아버지는 나보다 크심이니라"(14:28).

그리하여 아버지는 기쁘시게 성부 자리에, 아드님 성자는 순종하심으로 신성에 완전한 화평이 이루어졌습니다.[2]

주님의 천국의 기쁜 소식은 당신의 자녀들과 인류에게 최선의 것으로 주시길 원하시는 자비와 긍휼이 풍성하신 하나님 아버지의 빛을 비추는 것입니다. 예수님께서 기적들, 육체의 질병을 고치시고 귀신을 쫓아내시고, 죄들을 용서하시는 등 행하신 모든 기적들은 하나님의 뜻을 알고 그 분을 믿게 하려는 것이었습니다. 오직 아버지와 친밀한 관계를 가지신 그 아들이나 딸이 아버지께 자기 집에 친구들을 초청하여 아버지와 함께 살도록 초청하는 것입니다. 바로 이것이 예수님이 하신 것입니다. 그분은 아버지 집에서 자기와 함께 살게 하기 위하여 자기 제자들을 초청 했습니다.

> 요한복음 14:1-3 "너희는 마음에 근심하지 말라 하나님을 믿으니 또 나를 믿으라 내 아버지 집에 거할 곳이 많도다 그렇지 않으면 너희에게 일렀으리라 내가 너희를 위하여 처소를 예비하러 가노니 가서 너희를 위하여 처소를 예비하면 내가 다시 와서 너희를 내게로 영접하여 나 있는 곳에 너희도 있게 하리라"

예수님은 인류의 구원을 위하여 십자가로 가시는 삶의 최후의 순간까지 아버지와 친밀한 관계를 지속하셨습니다. 예수님은 가장 힘든 고통과 번민의 순간에 어디로 가야 할 지 아셨습니다: 아버지께로 가셨습니다.

> 마가복음 14:35-36 "조금 나아가 땅에 엎드리어 될 수 있는 대로 이 때가 자기에서 지나가기를 구하여 가라사대 아바 아버지여 아버지께는 모든 것이 가능하오니 이 잔을 내게서 옮기시옵소서 그러나 나의 원대로 마옵시고 아버지의 원대로 하옵소서 하시고"

그의 십자가에서 마지막 말씀은 "다 이루었도다"였고 이 말씀을 마치시고 머리를 숙이시고 영혼이 돌아가셨다고 기록되었습니다.

예수님은 자기가 하나님 아버지를 믿으신 것처럼 제자들이 자기를 믿고 하나님 아버지를 믿기를 원하였습니다.

요한복음 14:13-14 "너희가 내 이름으로 무엇을 구하든지 내가 시행 하리니 이는 아버지로 하여금 아들을 인하여 영광을 얻으시게 하려 함이라 내 이름으로 무엇이든지 내게 구하면 시행하리라"

예수님의 제자들도 예수님께서 본보이시고 가르치신 대로 하나님 아버지를 전적으로 의지하고 살았습니다. 사도 요한이 교회에 편지하였습니다.

요한일서 1:3 "우리가 보고 들은 바를 너희에게도 전함은 너희로 우리와 사귐이 있게 하려 함이니 우리의 사귐은 아버지와 그 아들 예수 그리스도와 함께 함이라"

사도 바울은 다음과 같이 말씀하였습니다.

고린도전서 8:5-6 "비록 하늘에나 땅에나 신이라 칭하는 자가 있어 많은 신과 많은 주가 있으나 그러나 우리에게는 한 하나님 곧 아버지가 계시니 만물이 그에게서 났고 우리도 그를 위하며 또한 한 주 예수 그리스도께서 계시니 만물이 그로 말미암고 우리도 그로 말미암았느니라"

야고보서에서 우리는 다음과 같은 말씀을 발견합니다.

야고보서 1:17-18 "각양 좋은 은사와 온전한 선물이 다 위로부터 빛들의 아버지께로서 내려오나니 그는 변함도 없으시고 회전하는 그림자도 없으시니라 그가 그 조물 중에 우리로 한 첫 열매가 되게 하시려고 자기의 뜻을 좇아 진리의 말씀으로 우리를 낳으셨느니라"

아버지에 대한 예수님의 가르침이 초대교회에 깊이 침투했습니다. 하나님의 종들은 하나님과의 친밀한 관계를 통하여 전적으로 주님만 의지하고 사는 것을 배웠습니다. 그들은 자기의 지식이나 능력을 통해서가 아니라 오히려 주님께 완전 순복하고 맡기는 삶이었습니다.

하나님은 사랑의 아버지로 우리에게 나타나 주십니다. 자녀들에게 가까이하시며 그들의 필요에 민감하게 채워주시며 그렇게 하심으로 가르치시고 사랑하시고 도우시며 치료해 주십니다. 스스로 성장하게 버려 두지 않으시고 의식적으로 자녀들을 양육하십니다. 자녀들을 향하신 하나님의 뜻은 호세아 이름 뒤에 해방자 또는 돕는 자라는 이름으로 나타납니다.[3]

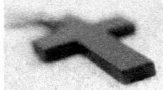 **묵상할 질문들**

1. 예수님과의 하나님의 친밀한 교제에 관한 이 장은 사명의 실현에 어떤 강한 영향을 주었습니까?
2. 예수님께서 성경 말씀을 제자들에게 가르치신 것은 당신에게 어떤 영향을 끼쳤습니까?
3. 이 장을 위해서 또 다른 말씀을 인용할 수 있습니까?
4. 사도들의 하나님 아버지에 대한 가르침은 당신에게 어떤 영향을 끼쳤습니까?
5. 당신은 사명의 실천을 위해서 얼마나 하나님을 의존하십니까?
   (아래 표에 표시해 보세요.)

   0 | | | | 5 | | | | 10

   이사야 63:16 "주는 우리 아버지시라 아브라함은 우리를 모르고 이스라엘은 우리를 인정치 아니할지라도 여호와여 주는 우리의 아버지시라 상고부터 주의 이름을 우리의 구속자라 하셨거늘"

6. 내가 하나님 아버지와 어떻게 친근한 신뢰관계를 유지할 수 있습니까?

   전능 왕 오소서 주 이름 찬양케 하옵소서
   영광과 권능의 성부여 오셔서
   우리를 다스려 주옵소서 (찬송가 34)

제 5 장

기도와 금식

"새벽 오히려 미명에 예수께서 일어나 나가 한적한 곳으로 가사 거기서 기도하시더니 시몬과 및 그와 함께 있는 자들이 예수의 뒤를 따라가 만나서 가로되 모든 사람이 주를 찾나이다 이르시되 우리가 다른 가까운 마을들로 가자 거기서도 전도 하리니 내가 이를 위하여 왔노라 이에 온 갈릴리에 다니시며 저희 여러 회당에서 전도하시고 또 귀신들을 내어 쫓으시더라" (마가복음 1:35-39)

예수님은 사명의 실천을 위해 금식과 기도를 많이 하셨습니다. 아버지와 교통하시는 수단은 예수님의 기도였습니다. 복음서는 예수님이 항상 기도하셨다고 기술하고 그 분께 가장 중요한 것은 하루를 기도로 시작하는 것이었습니다.

그분은 하나님 아버지와의 대화에 집중하기 위해 방해하는 요소들이 없거나 주의 집중을 빼앗기지 않는 한적한 곳을 찾으셨습니다.

예수님은 마귀와의 대면에서도 하나님 나라의 권세를 가지고 선포하셨습니다. 예수님은 세상에서 당신의 말씀을 듣는 이들에게 전하기 위해 오직 아버지와만 시간을 보내며 묵상하며 마음을 준비하셨습니다. 마귀와의 대적에서 예수님은 금식과 기도를 통하여 힘을 얻어 마귀에 눌린 자들을 자유케 하고 귀신들을 쫓아내셨습니다. 예수님은 영적 훈련으로 기도했으며 매번 아버지와 성령의 권세로 병을 쫓아 병을 고치셨습니다. 누가복음의 기자는 선교 사명의 실천은 그 분의 기도 생활이라고 설명했습니다.

> 누가복음 5:15-16 "예수의 소문이 더욱 퍼지매 허다한 무리가 말씀도 듣고 자기 병도 나음을 얻고자 하여 모여 오되 예수는 물러가사 한적한 곳에서 기도 하시니라"

예수님은 아침에 기도하는 훈련 뿐만 아니라 그 후에 온종일 사역하시는 것도 훈련이 되어 있으셨습니다. 한 번은 그 분은 오랜 시간을 군중들과 보내시고 의심할 여지없이 피곤하셨을텐데 주님은 하나님께 감사하며 기도로 아버지와 시간을 보내야 영적으로 새로워지고 힘을 얻는 것을 아셨습니다.

> 마태복음 14:23 "무리를 보내신 후에 기도하러 따로 산에 가시다 저물매 거기 혼자 계시더니"

예수님은 그렇게 홀로 기도하셨습니다.

예수님의 말씀을 들으려고 모인 많은 군중들을 먹이기 위해 아버지께 감사로 기도하고 축복했을 때 오병이어의 물고기와 떡이 늘어나는 기적을 이루셨습니다.

하루 온종일 가르치시는 사역 후에 저들의 기본적인 필요인 음식을 준비하여 먹이셨습니다.

마태복음 14:19 "무리를 명하여 잔디 위에 앉히시고 떡 다섯 개와 물고기 두 마리를 가지사 하늘을 우러러 축사 하시고 떡을 떼어 제자들에게 주시매 제자들이 무리에게 주니"

여러 경우에 예수님은 그의 제자들도 함께 기도하기 위해 동행 하도록 초청하셨고 그렇게 하심으로 홀로 기도하거나 단체로 하는 기도생활의 기본이 무엇인지를 가르치셨습니다. 예수님께서는 후일에 교회를 인도할 제자들에게 기회가 있을 때마다 놓치지 않으시고 훈련하시기에 힘쓰셨습니다.

누가복음 9:18-20 "예수께서 따로 기도하실 때에 제자들이 주와 함께 있더니 물어 가라사대 므리가 나를 누구라고 하느냐 대답하여 가로되 세례 요한이라 하고 더러는 엘리야라, 더러는 옛 선지자가 살아났다 하나이다 예수께서 이르시되 너희는 나를 누구라 하느냐 베드로가 대답하여 가로되 하나님의 그리스도시니이다 하니"

예수님의 본이 되시는 기도생활은 자기들의 선생님과 같이 훈련된 기도 생활을 추구하는 그의 제자들에게 큰 영향을 끼쳤습니다. 예수님의 헌신과 꾸준함을 보고 그들은 주님과 같이 되기를 소원했습니다. 그래서 주님께 기도하는 법을 가르쳐 달라고 구했습니다. 그때에 주님께서 주기도문을 가르쳐 주셨습니다.

> 누가복음 11:1-4 "예수께서 한 곳에서 기도하시고 마치시매 제자 중 하나가 여짜오되 주여 요한이 자기 제자들에게 기도를 가르친 것과 같이 우리에게도 가르쳐 주옵소서 예수께서 이르시되 너희는 기도할 때에 이렇게 기도하라
> 아버지여 이름이 거룩히 여김을 받으시오며 나라이 임하옵시며 우리에게 날마다 일용할 양식을 주옵시고 우리가 우리에게 죄 지은 모든 사람을 용서하오니 우리 죄도 사하여 주옵시고 우리를 시험에 들게 하지 마옵소서 하라"

랍비는 그들의 영성을 준비하고 개발하기 위해 기도를 사용했습니다. 예수님은 아버지께 가까이 가도록 모델이 되는 기도를 가르쳐 주셨습니다.

이 기도는 우리의 기도의 모델이 될 수 있습니다. 우리는 이 세상에서 그분의 사역을 위해 우리의 날마다 일용할 필요를 위하여 기도하고 날마다의 어려움을 위하여 기도해야 합니다. 하늘에 계신 우리 아버지란 구절은 하나님이 오직 위대하시고 거룩하실 뿐만 아니라 개인적이고 사랑하시는 분인 것을 의미합니다.[1]

제자들은 기도를 시작하면서 거룩하고 위대하심을 인정하는 기도의 모델을 잘 배웠습니다. 가장 위험한 위협과 박해에서 가장 위급한 때에라도 모든 피조물에게 교회는 하나님을 찬양하고 기도하는 것을

결코 잊지 않았습니다.

사도행전 4:24 "저희가 듣고 일심으로 하나님께 소리를 높여 가로되 대 주재여 천지와 바다와 그 가운데 만유를 지은 이시요"

또 다른 경우에 한 걱정하는 부모가 아들을 치료하기 위해 제자들에게 데려왔습니다. 그러나 그 형편에서 제자들은 치료할 수 없었습니다. 예수님이 오셨을 때 그 아이의 아버지가 예수님께 말했습니다.

마태복음 17:15-21 "주여 내 아들을 불쌍히 여기소서 저가 간질로 심히 고생하여 자주 불에도 넘어지며 물에도 넘어지는지라 내가 주의 제자들에게 데리고 왔으니 능히 고치지 못하더이다 예수께서 대답하여 가라사대 믿음이 없고 패역한 세대여 내가 얼마나 너희와 함께 있으며 얼마나 너희를 참으리요 그를 이리로 데리고 오라 하시다 이에 예수께서 꾸짖으시니 귀신이 나가고 아이가 그때부터 나으니라 이때 제자들이 종용히 예수께 나아와 가로되 우리는 어찌하여 쫓아내지 못하였나이까 가라사대 너희 믿음이 적은 연고니라 진실로 너희에게 이르노니 너희가 만일 겨자씨만큼만 믿음이 있으면 이 산을 명하여 여기서 저기로 옮기라 하여도 옮길 것이요 또 너희가 못할 것이 없으리라"

예수님은 그 기회를 사용하셔서 제자들에게 이 귀신들린 아이와 같은 경우들을 저들의 삶 속에서 부딪히게 되었을 때 금식과 기도의 에센스를 강조하셨습니다. 사도들은 주님의 이 모든 가르치심을 그대로 실천하였고 초대교회를 모두 그렇게 인도하였습니다. 초대교회가 성장하면서 그들은 가난한 과부와 고아들을 잘 돌보지 않는다고 불평하고 불만을 표하는 도전의 문제들을 당면했습니다. 이 문제들이 믿음의 공동체 안에서 사도들에게 해결하도록 제시되었습니다.

상의한 후에 사도들은 음식을 과부들에게 분배하는 책임을 맡을 일꾼들을 뽑았습니다. 성령 충만한 그룹의 사람들은 오직 교회를 인도하는 더 중요한 일에 전념하여 헌신할 수 있도록 하는 목적이었습니다.

> 사도행전 6:4 "우리는 기도하는 것과 말씀 전하는 것만 전무하리라"

제자들은 주님으로부터 하나님 나라의 사명을 실천하기 위해서는 삶이 구별되고 기도와 말씀 선포에 집중하는 것이 필수라는 것을 배웠습니다.

사도 바울은 교회가 영적 훈련 가운데 살도록 권면하는 금식과 기도의 사람이었습니다.

> 빌립보서 4:6 "아무것도 염려하지 말고 오직 모든 일에 기도와 간구로 너희 구할 것을 감사함으로 하나님께 아뢰라"

> 고린도후서 6:4-5 "오직 모든 일에 하나님의 일꾼으로 자천하여 많이 견디는 것과 환난과 궁핍과 곤난과 매 맞음과 갇힘과 요란한 것과 수고로움과 자지 못함과 먹지 못함과"

하나님은 부흥의 위대한 역사를 위하여 특별한 방법으로 남녀 종들을 사용하셨습니다. 그들의 특징은 금식과 기도의 영적 훈련이었습니다. 그들은 금식하고 기도에 의지하여 사명을 실천했습니다. 하나님이 이러한 남녀 종들은 자가 시대에 교회에 큰 영향을 끼쳤고 교회에 큰 자취를 남겼습니다. 찰스 피니와 같은 사람들:

1824년 안수 받고 여러 주간 설교하였으나 아무 결실도 없었던 뉴욕 시에서 정규적 집회를 열었습니다. 피니는 다음날 금식하며 기도했습니다. 그 저녁에 그는 보통 때와 다른 기름 부음을 느꼈습니다. 그날 밤새 사람들은 그를 찾고 기도받기를 원했고 무신론자까지 회개하고 구원 받는 역사가 일어났습니다.[2]

또 다른 사람은 스코틀랜드의 던캔 캠블입니다. 하나님께서 1949년에 헤브리드 섬에서 부흥을 일으키기 시작하실 때 능력으로 사용하신 종이시고 계속 사용하신 종입니다.

던캔은 스코틀랜드의 한 섬에서 사역을 시작했을 때 대단한 반대를 직면했습니다. 그는 골목을 걸으며 밤새 하나님께 기도하며 도움을 요청했습니다. 세 사람의 젊은이들이 기도의 부담을 주님께로부터 받았습니다. 던캔이 마굿간에서 기도하는 동안 그들도 자기 집에서 밤새 기도했습니다. 그 다음날 오후 집회 위에 하나님의 성령의 능력이 위에서 떨어졌습니다. 사람들은 성령님에 사로잡혀 죄를 자복하고 주님의 자비와 긍휼을 간구하며 간절히 기도했습니다.[3]

요한 웨슬리는 금식과 기도 생활의 유산을 남겼습니다. 웨슬리는 금식과 기도 훈련을 실천했을 뿐 아니라 모든 사역자가 그렇게 하기를 원했습니다. 그리고 모든 사역자들에게 그 질문을 할 정도였습니다.[4] "당신은 며칠간 금식하고 기도한 적이 있습니까"라고 그는 묻곤 했습니다.

스코틀랜드의 성스러운 로버트 머레이 맥케인 목사님은 "무엇이든 시작하기 전에 한 시간 주님과 시간을 보내는 것이 중요하다"고 말했습니다.[5]

 **묵상할 질문들**

1. 이 장에서 사명 실천을 위한 예수님의 금식과 기도는 당신에게 어떤 영향을 주었습니까?
2. 예수님의 금식과 기도의 가르치심이 당신에게 도움이 되었습니까?
3. 이 장을 위하여 어떤 다른 성경 말씀을 이 장에 인용하겠습니까?
4. 사도들과 다른 종들의 기도와 금식의 가르침과 실천이 당신에게 어떤 영향을 끼쳤습니까?
5. 당신은 금식과 기도의 영적 훈련을 얼마나 하시는지요? (아래 표에 표시해 보세요.)

```
0 | | | | | 5 | | | | | 10
```

느헤미야 1:4-6 "내가 이 말을 듣고 앉아서 울고 수일 동안 슬퍼하며 하늘의 하나님 앞에 금식하며 기도하여 가로되 하늘의 하나님 여호와 크고 두려우신 하나님이여 주를 사랑하고 주의 계명을 지키는 자에게 언약을 지키시며 긍휼을 베푸시는 주여 간구하나이다 이제 종이 주의 종 이스라엘 자손을 위하여 주야로 기도하오며 이스라엘 자손의 주 앞에 범죄함을 자복 하오니 주는 귀를 기울이시며 눈을 여시사 종의 기도를 들으시옵소서 나와 나의 아비 집이 범죄하여"

6. 내가 어떻게 금식하며 기도하는 생활을 하는 지 자문하시기 바랍니다.

> 기도는 영적 깊은 삶의 호흡이며
> 기도 하세, 기도 하세, 기도 하세
> 기도는 전쟁에서 방패이니
> 기도 하세, 기도 하세, 기도 하세
> 먹구름이 당신에게 몰려올 때
> 어디로 가야할지 모를 때 기도 하세
> 하나님의 거룩하신 뜻을 확실히 알도록
> "찬양" 거룩한 찬양.org

7. 이 장을 더 묵상하시며 가능하면 시간을 내어 당신이 발견하신 말씀을 묵상하고 기도하십시오.

제 6 장

사도들의 선택

"이 때에 예수께서 기도하시러 산으로 가사 밤이 맞도록 하나님께 기도하시고 밝으매 그 제자들을 부르사 그 중에서 열 둘을 택하여 사도라 칭하셨으니" (누가복음 6:12-13)

예수님은 부르셨고 하나님의 사역 실천을 위하여 동역할 한 그룹의 사람들을 부르셨습니다. 이들은 종교 지도자들이나 학문적으로 존경받는 혹은 준비가 잘 되었거나 한 사람들이 아니었고 경제적 사회적 배경이 각각 다른 직업을 가진 사람들이었습니다. 그 제자들은 잘 훈련된 사람도 자격을 소유한 사람들도 아니었습니다. 그러나 예수님께서는 그들 속에서 하나님 나라의 사명을 실천할 큰 가능성을 보셨습니다. 여러 제자들은 고기잡이를 전업으로 하며 밤에 갈릴리 바다에서 고기잡이할 때의 많은 도전에 익숙한 그저 거친 바다 사람들이었습니다.

마태복음 4:18-22 "갈릴리 해변에 다니시다가 두 형제 곧 베드로라 하는 시몬과 그 형제 안드레가 바다에 그물 던지는 것을 보시니 저희는 어부라 말씀 하시되 나를 따라 오너라 내가 너희로 사람을 낚는 어부가 되게 하리라 하시니 저희가 곧 그물을 버려두고 예수를 좇으니라 거기서 더 가시다가 다른 두 형제 곧 세베대의 아들 야고보와 그 형제 요한이 그 부친 세베대와 한가지로 그물 깁는 것을 보시고 부르시니 저희가 곧 배와 부친을 버려두고 예수를 좇으니라"

유대인들 사이에 좋은 평판을 얻지 못한 한 제자가 왔습니다.

누가복음 5:27-28 "그 후에 나가사 레위라 하는 세리가 세관에 앉은 것을 보시고 나를 좇으라 하시니 저가 모든 것을 버리고 일어나 좇으니라"

이 사람은 로마 정부의 유익을 위하여 일한 사람이었습니다. 제국을 숭배하며 저들을 기쁘게 하기 위해 유대인들을 짜서 세금을 징수하였습니다. 예수님은 이 사람들을 무장시키며 하나님의 사명을 실천하도록 돕는 것에 삼 년을 지내야 했습니다. 저들이 자격이 없다는 것을 아셨습니다. 그러나 자격이 없다고 할지라도 예수님은 그들에게 시간과 힘을 투자하셨고 하나님 나라의 메신저가 될 것을 아셨습니다.

누가복음 9:1-6 "예수님께서 열 두 제자를 불러 모으사 모든 귀신을 제어하며 병을 고치는 능력과 권세를 주시고 하나님 나라를 전파하며 앓는 자를 고치게 하려고 내어 보내시며 이르시되 여행을 위하여 아무것도 가지지 말라 지팡이나 주머니나 양식이나 돈이나 두 벌 옷을 가지지 말며 어느 집에 들어가든지 거기서 유하다가 거기서 떠나라 누구든지 너희를 영접하지 아니하거든 그 성에서 떠날 때에 너희 발에서 먼지를 떨어버려 저희에게 증거를 삼으라 하시니 제자들이 나가 각 촌에 두루 행하여 처처에 복음을 전하며 병을 고치더라"

그의 인성 때문에 예수님은 동시에 다른 장소에 계실 수 없다는 것과 사역하시는 기간이 짧은 것을 아시고 계셨습니다. 예수님의 최선의 전략은 사명을 이루고 전진하고 효과적으로 실천하기 위해 그 제자들을 세우고 양육하는 것이었습니다.

예수님은 그의 제자들에게 능력과 권세를 주셔서 보내사 누구든지 너희를 영접하는 자에게 예수님이 하신 그 일 곧 천국의 좋은 소식을 선포하고 귀신을 쫓으며 병자를 치료하는 그 일을 수행하게 하셨습니다.

어부, 세리, 유다 열심당원 그리고 다른 제자들이 그들을 보낸 우리 주님의 목소리요 팔이요 다리가 될 것이었습니다. 갈릴리에서 온 이 보통 사람들은 예수 그리스도의 교회의 사역을 계속해 나갈 것이었습니다. 그들은 예루살렘의 종교적 권세 잡은 지도자들과 정부의 치리자들까지도 다 인정하였습니다.

사도행전 4:13 "저희가 베드로와 요한이 기탄없이 말함을 보고 그 본래 학문 없는 범인으로 보고 알았다가 이상히 여기며 또 그전에 예수와 함께 있던 줄도 알고"

제자들을 재생산 하셨다는 것이 명백해졌습니다.

그 제자들은 종교적이나 정치적 구조에 의해서가 아니라 성령님에 의하여 인도되었고 제자들이 하는 하나님 나라를 확산시켜 나가는 운동은 아무도 막을 수 없는 힘이 되었습니다. 그들은 성령님의 인도하심을 받았고 교회를 기본적인 가르침으로 굳건히 세우고 있었습니다.

사도행전 2:41-42 "그 말을 받는 사람들은 세례를 받으매 이 날에 제자의 수가 삼천이나 더하더라 저희가 사도의 가르침을 받아 서로 교제하며 떡을 떼며 기도하기를 전혀 힘쓰니라"

예수님이 부르시기 전에 사도들은 신학적 준비나 행정 경영의 준비가 전혀 없었습니다. 그러나 새로운 그리스도의 믿음 운동을 지휘하며 여러 교회의 중요한 회의에 참석하고 있었습니다. 주님은 교회 사명 곧 하나님 나라의 사명의 원리와 가치를 실천 하기 위하여 저들을 형성하였습니다.

교회에 중요한 논쟁이 있었습니다. 유대인 배경을 가지지 아니한 새 신자들에게 교회가 어떻게 크리스챤 원리를 적용할 것인지에 대한 논쟁이었습니다. 성령님의 지혜와 도움으로 사도들은 유대교의 가르침에 예수 그리스도에 대한 믿음을 채택 하기로 의견을 모아 그들은 만장 일치로 결정을 했습니다. 그리고 그 유대교의 요소들을 삽입하지 않은 결정들을 그대로 각 교회들에게 보냈습니다. 그렇게 함으로 똑같은 구조의 교회들에게 유대교의 요소들을 첨가하지 않고 실제로 교회를 인도하기 위해서였습니다.

사도행전 15:22-23 "이에 사도와 장로와 온 교회가 그 중에서 사람을 택하여 바울과 바나바와 함께 안디옥으로 보내기를 가결하니 곧 형제 중에 인도자인 바사바라 하는 유다와 실라더라 그 편에 편지를 부쳐 이르되 사도와 장로된 형제들은 안디옥과 수리아와 길리기아에 있는 이방인 형제들에게 문안하노라"

그 새로운 그리스도의 믿음은 인류 역사 가운데 가장 영향력있는 종교적 운동이었습니다. 보통 사람들인 제자들은 그들의 가르침을 이어 받았고 성령님의 능력 안에서와 주님의 권세 아래 아주 뛰어난 사역을 감당하였습니다.

사도 바울은 주님이 하신 제자 훈련의 원리를 그대로 적용하였습니다. 그는 주님이 하나님 나라를 세우고 확장하시는데 가장 효과적인 전략으로 제자 훈련을 사용하셨다는 것을 알고 있었습니다. 사도 바울은 자기도 이 방법으로 계속 교회를 증식하기 위해 자기를 투자할 목적으로 남녀들을 선택하였습니다. 특별히 그는 디모데에게 다른 사람들을 훈련하는데 헌신할 것을 권고했습니다.

디모데후서 2:1-2 "내 아들아 그러므로 그리스도 예수 안에 있는 은혜 속에서 강하고 또 네가 많은 증인 앞에서 내게 들은 바를 충성된 사람들에게 부탁하라"

기독교 역사 가운데 많은 남녀들이 인도하여 자기들의 지역사회 혹은, 세계적으로 제자들의 훈련 원리를 적용함으로 큰 영향을 끼친 운동들이 있었습니다. 요한 웨슬리는 시간을 투자하여 제자 양육하신 예수님의 제자훈련 원리가 중요하다는 것을 깨달았습니다.

그도 또한 동아리를 후에 웨슬리언 감리교회 운동으로 알려진 운동을 확산하는 데 도울 사람들로 훈련하기 위하여 시간을 투자했습니다.

주님의 계획은 오늘날 전도와 제자훈련을 위한 성서적 전략으로 사용되고 있습니다.

이 프로그램은 예수, 사도 바울, 디모데, 웨슬리 외 다른 이들도 사명을 실천하기 위하여 지도자들을 훈련하는데 예수님의 훈련 단계들을 사용하였습니다. 프로그램의 목적은 예수 그리스도의 복음의 방법으로 지역사회를 전도하는 것이었습니다. 그 초신자들의 믿음을 굳건히 하며 그들이 예수님께 순종하고 신실한 믿음을 지속하도록 그리고 예수님을 닮은 지도자로 훈련되도록 하기 위해서입니다.[1]

제자 훈련은 일생 동안 예수님께 순종하고 한 사람의 가치관과 행동이 변화되고 그러므로 그 결과로 가정에서, 교회에서, 세계에서 사역이 일어나는 여정입니다. 그것은 또한 새로운 천국 시민에게 가르치는 과정입니다.[2]

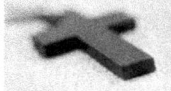 **묵상할 질문들**

1. 이 장에서 예수님께서 사명을 실천하는데 돕도록 제자들을 선택하시는 것이 당신에게 어떤 영향을 끼쳤습니까?
2. 예수님의 제자 선택이 어떻게 당신에게 도움이 되었습니까?

3. 이 장에서 어떤 다른 말씀을 인용하겠습니까?
4. 사도들과 다른 종들이 실천했던 제자훈련의 가르침과 실천들이 당신에게 어떤 영향을 주었습니까?
5. 당신은 지도자들의 훈련 원리를 사용하십니까? (아래 표에 표시해 보세요.)

```
0   |   |   |   5   |   |   |   10
```

열왕기상 19:19-20a "엘리야가 거기서 떠나 사밧의 아들 엘리사를 만나니 저가 열 두 겨리 소를 앞세우고 밭을 가는데 자기는 열 둘째 겨리와 함께 있더라 엘리야가 그리로 건너가서 겉옷을 그의 위에 던졌더니 저가 소를 버리고 엘리야에게로 달려가서"

6. 예수님 닮은 제자들을 양육하는 사역을 위해 나는 무엇을 해야 되겠습니까?

        오 당신과 같이 되게 당신과 같이 되게
        은혜로운 구속자 순수한 당신과 같이
        하나님의 사랑으로 당신으로 충만하게
        주님의 이미지로 내 맘 깊숙히 새기소서
                        sing to the Lord 490

7. 이 장에 관한 더 깊은 묵상을 위하여 가능하면 시간을 내서 연구하시고 기도하십시오.

제 7 장

설교와 하나님 나라 운동

"예수께서 대답하여 가라사대 너희가 가서 듣고 보는 것을 요한에게 고하되 소경이 보며 앉은뱅이가 걸으며 문둥이가 깨끗함을 받으며 귀머거리가 들으며 죽은 자가 살아나며 가난한 자에게 복음이 전파된다 하라"(마태복음 11:4-5)

예수님은 천국의 진리와 영원한 가치관을 가르치고 설교하러 오셨습니다. 군중들은 하나님의 아들을 통하여 새로운 하나님의 계시의 가르침을 듣기 위하여 예수님을 따랐습니다. 그들은 배고팠고 예수님 말씀을 열심히 들었습니다. 갈릴리르부터 온 선지자가 천국의 권세로 저들에게 말씀하셨습니다. 세례 요한이 천국의 설교로 메시아의 비밀을 전하여 기대하도록 유도 했습니다.

요한은 와서 천국이 가까웠으니 회개하라고 설교하였습니다(마태복음 3:2). 이스라엘 사람들은 천국이 임한다는 것이 믿어지지 않았습니다. 조금 후에 예수님께서 비슷한 메세지를 설교 하셨음에도 불구하고 요한은 아직도 정치적이고 세상적인 왕국으로 상상하였습니다. 그가 그 왕국이 아닌 것을 확실히 보고 요한은 이것을 물으러 예수님께 사람들을 보내었습니다(마태복음 11:2). 예수님은 답하셨습니다. 천국은 병든 자가 나음을 얻고 죽은 자가 다시 살고 가난한 자에게 복음이 선포될 때 증거되며 임재한다고 확실히 말씀하셨습니다(마태복음 11:4). 예수님이 가져오신 왕국은 세상적이거나 정치적이고 법적인 지상의 왕국이 아니고 완전 회복으로 향하는 역사들인 것이 확실했습니다.[1]

천국에 관한 예수님의 가르침은 그 당시 종교 지도자들의 가르침과 매우 달랐습니다. 또한 모든 외국 세력들이나 모든 과중한 세금 부과로부터 얻는 정치적 자유를 나타내는 다윗의 왕국과도 달랐습니다.

두 언약(구약과 신약)이 이스라엘의 치리의 회복을 선포하는 메시아주의로 알려진 대로 합쳐졌습니다. 이 새로워진 소망이 여러 가지 형태를 입었습니다. 그러나 가장 보편적인 것은 아가의 외경 형태입니다: 다윗의 아들 메시아가 이방 원수들을 물리칠 것이라는 것입니다.

이스라엘의 지도자로서 그는 모든 열방들을 지배하는 힘의 대장이며 예루살렘을 높여 주님을 영화롭게 할 것이었습니다. 다른 말로 메시아가 정의롭게 다스려서 전 세계의 머리가 이스라엘이라는 것을 제시한 것입니다. 예수님 당시 열심당원도 그와 비슷한 소망을 가지고 있었는데 그 차이점은 이들은 폭동과 무력의 방법을 사용하여 이룬다는 것이었습니다.[2]

새로운 선지자의 목소리가 이스라엘에게 들려왔습니다. 그리고 사람들은 그 가르침을 받기를 원하였습니다. 예수님을 따르며 가르침을 듣기를 원했던 군중들은 대부분이 가난했고 그 당시 종교적이나 사회적으로 최하층이었습니다. 후에 예수님의 제자가 된 나다나엘이 예수님의 배경과 고향을 알고 예수님의 메시아 되심을 의심했습니다.

> 요한복음 1:45-46 "빌립이 나다나엘을 찾아 이르되 모세가 율법에 기록하였고 여러 선지자가 기록한 그이를 우리가 만났으니 요셉의 아들 나사렛 예수니라 나다나엘이 가로되 나사렛에서 무슨 선한 것이 날 수 있느냐 빌립이 가로되 와 보라 하니라"

그 나라에서 전혀 다른 곳처럼 동떨어진 갈릴리는 약속의 땅에서 중요한 곳은 아니었습니다. 여하간 이것은 예수님의 집이었고 그의 제자들의 집이었고 예수님 첫 번째의 선교 지역이었습니다. 고난 주간 전에 복음의 이야기의 대부분이 갈릴리 바다 근처에서 일어난 이야기들입니다.[3]

예수님은 가난한 사람들을 선호하는 관계를 가지셨습니다. 그 분도 그 중의 하나였기 때문입니다.

예수님의 왕국 설교는 그분의 육체 내면에 있을 뿐 아니라 그분의 문화적인 상황이었기도 합니다. 그 분은 갈릴리 액센트로 말씀하셨고 그 분은 정규 교육도 받지 못하셨고 그의 직업은 목수였습니다. 신학자이고 선교학자인 올란도 코스타스는 성 문밖의 예수님이라는 책에서 교회의 사명에서 그 사회적이고 역사적인 상황을 돌아보며 왕국에 관하여 예수님을 선포하는 고전적인 유산(레가시)을 남겼습니다.

예수님의 가르치심과 선포하심은 메시아의 우주적인 치리 하에 사는 사람들에게 산상 수훈 팔 복음으로 표시하셨습니다.

> 마태복음 5:1-12 "예수께서 무리를 보시고 산에 올라가 앉으시니 제자들이 나아온 지라 입을 열어 가르쳐 가라사대 심령이 가난한 자는 복이 있나니 천국이 저희 것임이요 애통하는 자는 복이 있나니 저희가 위로를 받을 것임이요 온유한 자는 복이 있나니 저희가 땅을 기업으로 받을 것임이요 의에 주리고 목마른 자는 복이 있나니 저희가 배부를 것임이요 긍휼히 여기는 자는 복이 있나니 저희가 긍휼히 여김을 받을 것임이요 마음이 청결한 자는 복이 있나니 저희가 하나님을 볼 것이요 화평케 하는 자는 복이 있나니 저희가 하나님의 아들이라 일컬음을 받을 것임이요 의를 위하여 핍박을 받은 자는 복이 있나니 천국이 저희 것임이라
> 나를 인하여 너희를 욕하고 핍박하고 거짓으로 거스려 모든 악한 말을 할 때에는 너희에게 복이 있나니 기뻐하고 즐거워하라 하늘에서 너희의 상이 큼이라 너희 전에 있던 선지자들을 이같이 핍박하였느니라"

예수님은 자발적으로 들어가는 천국 시민으로 살아야 하는 하나님 나라의 기본적 가치관을 수립하셨습니다. 그 왕국은 세상 지도자들과 왕의 왕국과 다릅니다. 예수님의 왕국에 관한 가르치심은 천국 시민의 특징과 새 왕국에서 치리 하는 가치관과 원리 뿐 아니라 귀신에게 눌림 받음에서 자유와 건강을 가져오는 구체적인 현상이 동반하는 것이었습니다.

마태복음 15:29-31 "예수께서 거기를 떠나사 갈릴리 호숫가에 이르러 산에 올라가 거기 앉으시니 큰 무리가 절뚝발이와 불구자와 소경과 벙어리와 기타 여럿을 데리고 와서 예수의 발 앞에 두매 고쳐주시니 벙어리가 말하고 불구자가 건전하고 절뚝발이가 걸으며 소경이 보는 것을 무리가 보고 기이히 여겨 이스라엘의 하나님께 영광을 돌리니라"

군중들은 예수님을 따랐습니다. 그러나 그는 사람들이 다만 자기에게 올 것을 기대하지 않고 그 분도 시골 촌락으로 동네로 천국 사명 실천을 위해 찾아 다니셨습니다. 항상 찾아 갈 기회를 찾으셨습니다.

마태복음 4:23-24 "예수께서 온 갈릴리에 두루 다니사 저희 회당에서 가르치시며 천국 복음을 전파하시며 백성 중에 모든 병과 모든 약한 것을 고치시니 그의 소문이 온 수리아에 퍼진 지라 사람들이 모든 앓는 자 곧 각색 병과 고통에 걸린 자, 귀신 들린 자, 간질하는 자, 중풍병자들을 데려오니 저희를 고치시더라"

오순절 날 사도 베드로는 우주의 왕이시고 주가 되시는 메시아에 관해 설교하였습니다:

사도행전 2:29-30 "형제들아 내가 조상 다윗에 대하여 담대히 말할 수 있노니 다윗이 죽어 장사되어 그 묘가 오늘까지 우리 중에 있도다 그는 선지자라 하나님이 이미 맹세하사 그 자손 중에 한 사람을 그 위에 앉게 하리라 하심을 알고"

사도 베드로와 요한은 우주의 왕 메시아가 그 시민에게 주시는 영원한 구원과 죄의 용서에 관하여 설교했습니다. 왕께서는 그들에게 병자를 치료할 권세와 능력을 주었습니다. 베드로와 요한은 성전에 습관대로 기도하러 갔습니다. 그들은 성전 문에서 앉은뱅이었던 그 병자를 치료하는데 왕의 권세를 적용했습니다.

> 사도행전 3:4-8 "베드로가 요한으로 더불어 주목하여 가로되 우리를 보라 하니 그가 저희에게 무엇을 얻을까 하여 바라보거늘 베드로가 가로되 은과 금은 내게 없거니와 내게 있는 것으로 네게 주노니 곧 나사렛 예수 그리스도의 이름으로 걸으라 하고 오른손을 잡아 일으키니 발과 발목이 곧 힘을 얻고 뛰어 서서 걸으며 그들과 함께 성전으로 들어 가면서 걷기도 하고 뛰기도 하며 하나님을 찬미하니"

성령님이 바울과 바나바를 부르심으로 안디옥 교회에서 예수님의 복음을 전하기 위하여 보냄을 받았습니다. 저들이 루스드라에 도착했을 때 건강의 필요가 명백했습니다.

> 사도행전 14:7-10 "거기서 복음을 전하니라 루스드라에 발을 쓰지 못하는 한 사람이 있어 앉았는데 나면서 앉은뱅이 되어 걸어 본 적이 없는 자라 바울이 말하는 것을 듣거늘 바울이 주목하여 구원 받을만한 믿음이 그에게 있는 것을 보고 큰 소리로 가로되 네 발로 바로 일어서라 하니 그 사람이 뛰어 걷는지라"

그의 2차 선교 여행에서 바울은 빌립보에 도착하여 예수 그리스도의 복음을 선포하였습니다. 그 도시에서 안식일에 한 그룹의 여인들에게 복음을 전했다고 사도행전은 기록합니다.

대화 후에 루디아라는 거룩한 여인이 회심하였습니다. 바울은 또한 그 근방에 있던 무당과 대면하게 됩니다.

> 사도행전 16:16-18 "우리가 기도하는 곳에 가다가 점 하는 귀신 들린 여종을 만나니 점으로 그 주인들을 크게 이하게 하는 자라 바울과 우리를 좇아와서 소리질러 가로되 이 사람들은 지극히 높은 하나님의 종으로 구원의 길을 너희에게 전하는 자라 하며 이같이 여러 날을 하는지라 바울이 심히 괴로와하여 돌이켜 그 귀신에게 이르되 예수 그리스도의 이름으로 네게 명하노니 그에게서 나오라 하니 귀신이 즉시 나오니라"

사도 바울은 예수 그리스도 교회에 주어진 권세와 성령의 능력과 함께 임한 천국에 관하여 확실하게 설교했습니다.

> 에베소서 1:19-23 "그의 힘의 강력으로 역사하심을 따라 믿는 우리에게 베푸신 능력의 지극히 크심이 어떤 것을 너희로 알게 하시기를 구하노라 그 능력이 그리스도 안에서 역사하사 죽은 자들 가운데서 다시 살리시고 하늘에서 자기의 오른편에 앉히사 모든 정세와 권세와 능력과 주관하는 자와 이 세상뿐 아니라 오는 세상에 일컫는 모든 이름 위에 뛰어나게 하시고 또 만물을 그 발 아래 복종하게 하시고 그를 만물 위에 교회의 머리로 주셨느니라 교회는 그의 몸이니 만물 안에서 만물을 충만케 하시는 자의 충만이니라"

교회사를 통해 보면 하나님은 예수 그리스도의 희생으로 말미암은 영혼 구원에 대한 천국 복음 전파를 위해 남녀를 부르셨습니다.

> 요한계시록 1:5 "또 충성된 증인으로 죽은 자들 가운데서 먼저 나시고 땅의 임금들의 머리가 되신 예수 그리스도로 말미암아 은혜와 평강이 너희에게 있기를 원하노라"

역사는 증명합니다. 사단의 권세로부터 사람들을 자유케 하며 질병을 치료하시는 기적을 나타내심으로 하나님은 어떻게 남녀 종들에게 능력을 주어 사용하셨는지를 증명하고 있습니다.

크리스챤 리더의 성숙도는 성령충만과 그 능력의 드러남입니다. 웅변적이고 효과적인 설교와 원어 주석 설교 좋습니다. 그러나 그것만으로는 충분치 않습니다. 내용, 정통성 그리고 견고한 성서적 진리, 근본적이지만 충분치 않습니다. 그 인격, 은혜로운 언어 구사와 행동도 좋습니다만 충분치 않습니다. 그 위에 주님의 능력이 있어야 합니다. 왕국이 이뤄져야 하고 전파되어야 하고 인간에게 성령의 능력이 주어지는 수준에 이르러야 합니다. 그것은 바로 하나님이 우리를 통해 일하셔야 한다는 것입니다.[4]

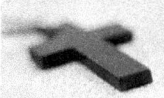 **묵상할 질문들**

1. 이 장에서 선교의 운동과 예수님의 선교의 실천의 모든 활동들이 당신에게 어떤 영향을 주었습니까?
2. 예수님의 산상 수훈은 당신에게 어떤 영향을 주었습니까?
3. 이 장에서 어떤 다른 성경을 인용하시겠습니까?
4. 사도들의 능력과 권세로 복음을 선포하고, 설교하고, 병을 고치는 것이 당신에 어떻게 감명을 주었습니까?
5. 당신의 병 고치는 은사는 어디 쯤에 있습니까? (아래 표에 표시해 보세요.)

```
0   |   |   |   |   5   |   |   |   |   10
```

열왕기하 5:2-3 "전에 아람 사람이 떼를 지어 나가서 이스라엘 땅에서 작은 계집아이 하나를 사로잡으매 저가 나아만의 아내에게 수종들더니 그 주모에게 이르되 우리 주인이 사마리아에 계신 선지자 앞에 계셨으면 좋겠나이다 저가 그 문둥병을 고치리이다"

6. 어떻게 병 고칠 확신과 중독된 자들을 자유케 할 확신을 소유할 수 있습니까?

　　　능력 능력 놀라운 능력 어린양의 보혈의 능력
　　　놀라운 능력 귀중한 능력　(찬송가 202)

7. 이 장에서 더 깊은 묵상이 가능하면 당신이 발견하신 말씀을 연구하시고 기도하십시오.

제 8 장

비전

"너희가 넉달이 지나야 추수할 때가 이르겠다 하지 아니하느냐 내가 너희에게 이르노니 눈을 들어 밭을 보라 희어져 추수하게 되었도다 거두는 자가 이미 삯도 받고 영생에 이르는 열매를 모으나니 이는 뿌리는 자와 거두는 자가 함께 즐거워하게 하려 함이니라 그런즉 한 사람이 심고 다른 사람이 거둔다 하는 말이 옳도다
내가 너희로 노력지 아니한 것을 거두러 보내었노니 다른 사람들은 노력하였고 너희는 그들의 노력한 것에 참예 하였느니라" (요한복음 4:35-38)

예수님의 말씀에서 우리는 예수님과 사마리아 여인의 만난 이야기를 요한이 쓴 것을 읽습니다. 이 구절은 예수님이 군중에게 뿐 아니라 개인적으로도 만나 설교할 기회를 늘 찾고 계셨다는 것을 말합니다. 유대인의 습관은 예루살렘으로 여행 중에 수가 성을 지나지 않았지만

예수님은 제자들과 함께 예루살렘으로 여행하실 때 여행지도에서 전통적인 여행로가 아닌 길로 가실 계획을 하셨습니다. 예수님과 사마리아 여인과의 대화 이야기는 종교적, 사회적, 문화적인 관계의 요소를 제공합니다. 신약 성경은 사마리아 거주민들에 관하여 기술하며 이스라엘 북왕조가 망하며 앗수르 사람들이 와서 통치하며 이스라엘의 남은 자들과 이방인들이 함께 한 결고로 혼혈인들로 구성되었다고 기록하고 있습니다(기원전 722).[1]

예수님과 사마리아 여인의 대화는 복음서안에서 가장 환상적입니다. 왜냐 하면 예수님은 유대인으로 여자를 전도하는 것과 여러 가지의 스테레오 타입으로 종교적이고 사회적인 사마리아인의 전통을 깨뜨렸습니다. 예수님과 사마리아 여인과의 대화는 수용할 수 없는 것이었습니다. 예수님은 여러 남편과 살았던 인생 경로 때문에 자기 사회에서 비천하게 된 그 사마리아 여인에게 천국 복음을 전파하기 위하여 유대인 랍비의 율례를 깨뜨렸습니다.

사마리아 여인과의 대화 중에 예수님은 여러 가지 선언을 하시며 그녀의 인생을 재건할 수 있는 새로운 기회를 제공하셨습니다. 예수님은 그 여인에게 살아있는 생명수를 제공하셨습니다.

> 요한복음 4:14 "누구든지 내가 주는 물을 먹는 자는 영원히 목마르지 아니 하리니 나의 주는 물은 그 속에서 영생하도록 솟아나는 샘물이 되리라"

그 사마리아 여인은 하나님 나라의 영생을 선물로 받았습니다. 그리고 즉시 자기 동네로 가서 그리스도가 주신 새 생명의 기쁨을 나누었습니다. 여인의 뉴스를 듣자마자 이웃들은 재빨리 메시아를 만난 듯한 그녀의 말의 사실 여부를 확인하기 위해 달려 갔습니다.

> 요한복음 4:39-42 "여자의 말이 그가 나의 행한 모든 것을 내게 말하였다 증거하므로 그 동네 중에 많은 사마리아인이 예수를 믿는지라 사마리아 인들이 예수께 와서 자기들과 함께 유하기를 청하니 거기서 이틀을 유하시매 예수의 말씀을 인하여 믿는 자가 더욱 많아 그 여자에게 말하되 이제 우리가 믿는 것은 네 말을 인함이 아니니 이는 우리가 친히 듣고 그가 참으로 세상의 구주신 줄 앎이라"

예수님은 그 당시 유대인들은 종교적 사회적 차별 때문에 지나가는 것도 피하는 그 도시에서 좀더 머무실 초청을 수락하셨습니다. 주님은 그 초청이 아브라함의 언약의 하나님을 경배하는 정확한 장소를 다르게 가르침을 받았을지라도 메시아가 오실 것을 기대하고 있는 그 사람들에게 천국 복음을 전하는 사명을 실천하실 수 있는 기회인 것을 아셨습니다.

> 요한복음 4:21 "내 말을 믿으라 이 산에서도 말고 예루살렘에서도 말고 너희가 아버지께 예배할 때가 이르리라"

제자들이 음식을 사서 돌아오니 예수님은 저들에게 그 도시가 천국 복음을 받을 준비가 되었으므로 눈을 들어 비전을 확장하여 보라고 하셨습니다. 기회가 있을 때마다 자기 유익을 추구하며 먹는 것보다 하나님 나라 사명 실천이 더 중요하다는 것에 그 초점을 맞추도록 주의를 환기시키셨습니다. 그 지역의 사람들은 하나님 나라의 가르침에 대해서 제자들이 상상할 수도 없을 만큼 열린 마음이었습니다.

예수님은 제자들에게 하나님 나라의 가르침은 어떤 사람들에게나 여자 남자나 인종에게나 종교적인 문화적인 신앙들에나 예외 없이, 차별 없이 전해야 한다고 가르치셨습니다.

예수님은 모든 사람들에게서 다 똑같은 필요와 가능성을 보셨습니다. 그들이 그와 같은 문화나 사회가 아니었어도 그들을 보셨습니다. 후에 예수님의 제자가 된 세리 레위의 이야기는 예수님이 천국의 눈으로 사람들을 보신 그 하나의 예입니다.

> 누가복음 5:27-32 "그 후에 나가사 레위라 하는 세리가 세관에 앉은 것을 보시고 나를 좇으라 하시니 저가 모든 것을 버리고 일어나 좇으니라 레위가 함께 예수를 위하여 자기 집에서 큰 잔치를 하니 세리와 다른 사람이 많이 앉았는지라 바리새인들과 서기관들이 그 제자들을 비방하여 가로되 너희들이 어찌하여 세리와 죄인과 함께 먹고 마시느냐 예수께서 대답하여 가라사대 건강한 자에게는 의원이 쓸데 없고 병든 자에게라야 쓸데 있나니 내가 의인을 부르러 온 것 아니요 죄인을 불러 회개시키러 왔노라"

복음서에서 예수님은 그분의 비전과 하나님 나라, 비록 이스라엘로부터 시작했지만 우주적인 왕국의 눈으로 사람을 보고 사랑하는 것을 가르치셨습니다. 복음서에 있는 여러 이야기들에서 예수님은 이스라엘 아닌 이방인들을 사역하십니다. 한 경우에 두 제자가 예수님을 헬라 사람들에게 소개했습니다.

요한복음 12:20-22 "명절에 예배하러 올라온 사람 중에 헬라인 몇 이 있는데 저희가 갈릴리 벳새다 사람 빌립에게 가서 청하여 가로되 선생이여 우리가 예수를 뵈옵고자 하나이다 하니 빌립이 안드레에게 가서 말하고 안드레와 빌립이 예수께 가서 여짜온대"

오순절의 경험을 한 사도 베드로는 그 유대인으로서의 짙은 배경 때문에 복음의 우주성에 대한 주님의 가르치심을 인정하고 적용하기에 시간이 걸렸습니다. 사명을 실천하는 데 그가 주님의 비전을 소유해야 한다는 가르침을 깨달은 것은 그 초자연적인 경험을 통해서였습니다. 베드로는 로마인 백부장 고넬료의 집에서 한 그의 경험을 간증했습니다.

사도행전 11:12-15 "성령이 내게 명하사 아무 의심 말고 함께 가라 하시매 이 여섯 형제도 나와 함께 가서 그 사람의 집에 들어가니 그가 우리에게 말하기를 천사가 내 집에 서서 말하되 네가 사람을 욥바에 보내어 베드로라 하는 시몬을 청하라 그가 너와 네 온 집의 구원 얻을 말씀을 네게 이르리라 함을 보았다 하거늘 내가 말을 시작할 때에 성령이 저희에게 임하시기를 처음 우리에게 하신 것과 같이 하는지라"

사도 바울은 부활하신 주님으로부터 모든 사람들에게 특별히 이방인들에게 복음을 전할 사명을 받았습니다.

로마서 1:16 "내가 복음을 부끄러워하지 아니하노니 이 복음은 모든 믿는 자에게 구원을 주시는 하나님의 능력이 됨이라 첫째는 유대인에게요 또한 헬라인에게로다"

사도 바울은 가능한 한 많은 곳에 예수 그리스도의 복음을 가지고 가야 하는 명백한 비전을 소유했습니다.

사도행전 16:8-10 "무시아를 지나 드로아로 내려갔는데 밤에 환상이 바울에게 보이니 마게도냐 사람 하나가 서서 그에게 청하여 가로되 마게도냐로 건너 와서 우리를 도우라 하거늘 바울이 이 환상을 본 후에 우리가 곧 마게도냐로 떠나기를 힘쓰니 이는 하나님이 저 사람들에게 복음을 전하라고 우리를 부르신 줄로 인정함이러라"

열방과 나라와 지역사회에 큰 충격적 영향을 끼친 믿음의 영웅들은 선교 사명의 실천에 명백한 비전을 갖고 있습니다. 그들 중의 어떤 사람들은 타국에 그리스도의 복음을 전하기 위하여 자기 나라를 떠났습니다. 그의 동기는 모든 이들의 영원한 구원을 위한 열정적 비전 때문입니다. 디 엘 무디는 말했습니다. "수천 젊은이들이 죽음의 길에 줄 서있는 것을 보며 나는 예수님의 발 앞에 엎드려 눈물을 흘리며 그들을 구원해 달라고 했습니다." 요한 웨슬리는 그의 목사들에게 "우리는 우리 영혼 구원을 위하여 그리고 우리에게서 복음을 듣는 사람들의 영혼 구원, 이것을 위해 삽니다."

우리 목사들과 지도자들이 사명을 실천하는데 우리가 하나님이 원하신 그 분명한 비전 때문에, 부르신 비전의 이유를 꼭 가져야 한다는 것입니다. 그 목표들은 우리 자신들을 위해 세워져야 하고 우리가 하는 모든 것들이 최선의 결과를 이룰 목적이어야 합니다.[2]

모든 교회는 포커스(비전)가 필요합니다. 아무 포커스가 아니고 천국의 포커스라야 합니다. 참 포커스는 하나님과 함께 시작합니다. 그리고 하나님이 사랑하는 그리고 관계를 갖기를 원하는 사람들에게 전도하는 것입니다.[3]

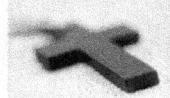 **묵상할 질문들**

1. 이 장의 사명 실천에서 예수님의 비전은 어떤 강한 영향을 끼쳤습니까?
2. 예수님이 제자들에게 추수할 때가 되었다고 하신 말씀이 당신에게 도움이 되었습니까?
3. 이 장에 어떤 다른 성경 말씀을 인용할 수 있습니까?
4. 선교사명을 실천하는데 사도들의 비전과 열정이 어떤 감명을 당신에게 주었습니까?
5. 사명 실천을 위한 나의 비전은 어디 쯤에 있습니까? 하박국 2:2-3. (아래 표에 표시해 보세요.)

    0 | | | | 5 | | | | 10

6. 나는 어떻게 명백한 교회 사명의 비전을 가질 수 있습니까?
    능력을 보내 주소서, 능력을 보내 주소서.
    오 주님, 성령의 능력을 보내 주소서.
    지금 부어 주소서.
    대양의 파도처럼 밀려와 쓸어 가소서.
    온 세계에 널리 널리 지금 시작 하소서.
        "전세계 부흥을 주소서" Cyberhymnal.org
7. 이 장을 더 깊이 연구하고 싶으시면 당신이 발견한 말씀을 공부하고 기도 하십시오.

제 9 장

믿음

"큰 광풍이 일어나며 물결이 부딪쳐 배에 들어와 배에 가득하게 되었더라 예수께서는 고물에 베개를 베시고 주무시더니 제자들이 깨우며 가로되 선생님이여 우리의 죽게 된 것을 돌아보지 아니하시나이까 하니 예수께서 바람을 꾸짖으시며 바다더러 이르시되 잠잠하라 고요하라 하시니 바람이 그치고 잔잔하여지더라 이에 제자들에게 이르시되 어찌하여 이렇게 무서워 하느냐 너희가 어찌 아직도 믿음이 없느냐 하시니 저희가 심히 두려워하여 서로 말하되 저가 뉘기에 바람과 바다라도 순종하는고 하였더라" (마가복음 4:37-41)

믿음은 사명을 실천하는데 예수님의 사역의 가장 근본적 원리였습니다. 그의 삶은 모든 일은 전능하신 하나님 아버지를 믿는 믿음으로만 가능하다는, 완전히 믿음으로 의존하는 것이었습니다.

누가복음 18:27 "가라사대 무릇 사람의 할 수 없는 것을 하나님은 하실 수 있느니라"

예수님의 믿음의 근원은 우주 만물의 창조주였습니다. 천지와 모든 만물을 만드신 하나님께서 자기를 선교 사명으로 보내시고 하나님 아버지께서 또 후원하신다는 확신을 가지셨습니다. 모든 자연은 예수님께 순복할 것이었습니다. 히브리서 기자가 말한 것처럼.

히브리서 1:2 "이 모든 날 마지막에 아들로 우리에게 말씀하셨으니 이 아들을 만유의 후사로 세우시고 또 저로 말미암아 모든 세계를 지으셨느니라"

예수님은 자기 삶에 성령님의 능력으로 충만하셨으므로 그리고 모든 피조물의 상속자로 자기를 만드신 것에 대한 확신이 있었으므로 기적을 행하셨습니다. 예수님은 초자연적인 믿음으로 이 세상에서 사명을 실천하시는데 장님의 눈을 뜨게 하시고, 문둥이를 치료하시고, 절름발이를 걷게 하시고, 귀신을 쫓으시고, 군중들을 먹이시고, 물을 포도주로 만드시고, 죽은 자를 살리시는 기적의 사역을 하시면서 움직이셨습니다. 예수님은 아버지에 대한 믿음으로 이 모든 기적을 행하셨습니다.

마태복음 14:26-31 "제자들이 그 바다 위로 걸어 오심을 보고 놀라 유령이라 하며 무서워하여 소리지르거늘 예수께서 즉시 일러 가라사대 안심하라 내니 두려워 말라 베드로가 대답하여 가로되 주여 만일 주시어든 나를 명하사 물 위로 걸어오라 하소서 한대 오라 하시니 베드로가 배에서 내려 물 위로 걸어서 예수께로 가되 바람을 보고 무서워 빠져 가는지라 소리질러 가로되 주여 나를 구원 하소서 하니 예수께서 즉시 손을 내밀어 저를 붙잡으시며 가라사대 믿음이 적은 자여 왜 의심 하였느냐 하시고"

예수님은 제자들이 계속해서 믿음을 사용하기를 원하셨고 그들의 사명을 실천하기 위하여 근본이 되는 믿음을 가질 것을 계속적으로 훈계하셨습니다. 베드로의 두려움은 그를 의심하게 했고 바람에 심히 격동되는 파도를 지배하시는 주님에 대한 믿음을 갖지 못하게 했습니다. 주님은 베드로가 물위를 걷겠다는 요청을 들어 주셨고 그가 물에 빠지는 것을 막아주시며 저를 돌보아 주셨습니다.

제자들은 주님의 삶이 완전히 아버지 안에 있는 신뢰, 안전감으로 지휘되고 인도되어 가는 것을 보면서 배우고 있었습니다. 저들도 주님이 가지신 믿음 갖기를 원했습니다. 그리고 요청 했습니다.

누가복음 17:5-6 "사도들이 주께 여짜오되 우리에게 믿음을 더하소서 하니 주께서 가라사대 너희에게 겨자씨 한 알만한 믿음이 있었더면 이 뽕나무더러 뿌리가 뽑혀 바다에 심기우라 하였을 것이요 그것이 너희에게 순종하였으리라"

예수님은 저들에게 믿음의 기초이신 자기를 믿으라고 말씀하셨습니다. "내가 너희에게 진실로 말하노니 네가 나를 믿으면 내가 하는 일을 너희도 행할 것이요 이보다 더 큰 일을 행하리라 이는 내가 아버지께로 감이라."

예수님의 믿음은 큰 기적을 행하심으로 빚어졌을 뿐 아니라 매일의 생활에서도 하나님의 사명을 실현하는 것에서도 주께서 가장 기본적인 필요를 예비해 주실 것을 믿는 신뢰감과 안전감을 가진, 아버지에 대한 아래의 예화와 같은 믿음에서였습니다.

> 마태복음 6:25-33 "그러므로 내가 너희에게 이르노니 목숨을 위하여 무엇을 먹을까 입을까 무엇을 마실까, 몸을 위하여 무엇을 입을까 염려하지 말라 목숨이 음식보다 중하지 아니하며 목이 의복보다 중하지 아니하냐 공중의 새를 보라 심지도 않고 거두지도 않고 창고에 모아 들이지도 아니하되 너희 천부께서 기르시나니 너희는 이것들보다 귀하지 아니하냐 너희 중에 누가 염려함으로 그 키를 한 자나 더 할 수 있느냐 또 너희가 어찌 의복을 위하여 염려하느냐 들의 백합화가 어떻게 자라는가 생각하여 보라 수고도 아니하고 길쌈도 아니하느니라 그러나 내가 너희에게 말하노니 솔로몬의 영광으로도 입은 것이 이 꽃 하나만 같지 못하였느니라 오늘 있다가 내일 아궁이에 던지우는 들풀도 하나님이 이렇게 입히시거든 하물며 너희일까 보냐 믿음이 적은 자들아 그러므로 염려하여 이르기를 무엇을 먹을까 무엇을 마실까 무엇을 입을까 하지 말라 이는 다 이방인들이 구하는 것이라 너희 천부께서 이 모든 것이 너희에게 있어야 할 줄을 아시느니라 너희는 먼저 그의 나라와 그의 의를 구하라 그리하면 이 모든 것을 너희에게 더하시리라"

예수님은 이 천국 복음을 전파하기 위하여 70명 제자들을 내보낼 때 그들에게 사명의 실천을 위하여 무엇을 갖는 것이 필요한지 확실히 가르치셨습니다.

누가복음 10:4-7 "전대나 주머니나 신을 가지지 말며 길에서 아무에게도 문안하지 말며 어느 집에 들어가든지 먼저 말하되 이 집이 평안할지어다 하라 만일 평안을 받을 사람이 거기 있으면 너희 빈 평안이 그에게 머물 것이요 그렇지 않으면 너희에게로 돌아오리라 그 집에 유하며 주는 것을 먹고 마시라 일꾼이 그 삯을 얻는 것이 마땅하니라 이 집에서 저 집으로 옮기지 말라"

교회의 기반은 믿음이고 교회의 삶과 교리도 믿음이 근본이었습니다.

사도행전 16:5 "이에 여러 교회가 믿음이 더 굳어지고 수가 날마다 더 하니라"

제자들과 교회의 삶은 예수 그리스도의 복음 가운데 세워져 가고 있었습니다.

로마서 1:17 "복음에는 하나님의 의가 나타나서 믿음으로 믿음에 이르게 하나니 기록된 바 의인은 오직 믿음으로 살리라 함과 같으니라"

빌립보인에게 보내는 서두 인사에서 사도 바울은 필요한 것을 공급하시는 하나님께 믿음을 가지라고 말합니다.

빌립보서 4:19-20 "나의 하나님이 그리스도 예수 안에서 영광 가운데 그 풍성한 대로 너희 모든 쓸 것을 채우시리라 하나님 곧 우리 아버지께 세세 무궁토록 영광을 돌릴지어다 아멘"

사도 바울의 삶은 믿음의 원리로 기초를 삼았습니다. 고린도에 있는 교회에 그렇게 살도록 권면했습니다. 그의 두 번째 서한에서 믿음으로 살고 움직인다고 말합니다.

고린도후서 5:6-7 "이러므로 우리가 항상 담대하여 몸에 거할 때 주와 따로 거하는 줄을 우리가 아노니 이는 우리가 믿음으로 행하고 보는 것으로 하지 아니함이로라"

히브리서에 보면 기자는 구약의 믿음의 영웅들을 소개하기 위하여 믿음의 정의로 시작합니다. 그것은 모든 믿음의 주 예수 그리스도의 온전한 믿음으로 살도록 감동을 주게 합니다.

히브리서 11:1- 3 "믿음은 바라는 것들의 실상이요 보지 못하는 것들의 증거니 선진들이 이로써 증거를 얻었느니라 믿음으로 모든 세계가 하나님의 말씀으로 지어진 것을 아나니 보이는 것은 나타난 것으로 말미암아 된 것이 아니니라"

히브리서 12:1-2 "이러므로 우리에게 구름 같이 둘러싼 허다한 증인들이 있으니 모든 무거운 것과 얽매이기 쉬운 죄를 벗어 버리고 인내로써 우리 앞에 당한 경주를 경주하며 믿음의 주요 온전케 하시는 예수를 바라보자 저는 그 앞에 있는 즐거움을 위하여 십자가를 참으사 부끄러움을 개의치 아니하시더니 하나님 보좌 우편에 앉으셨느니라"

교회사를 통하여 하나님은 성령의 지시와 능력 아래서 그리스도 예수께 그들의 모든 신뢰를 쏟은 새로운 신앙의 구름같은 영웅들을 일으키셨습니다. 믿음의 주요 온전케 하신 분, 예수 그리스도에 의하여 구원받고 변화된 수 천명의 남녀의 간증들이 나타나 있습니다. 이 하나님을 믿는 충성된 믿음의 남녀들, 이들이 사명을 실천하며 하나님께 충성스럽게 순종함으로 대륙들과 나라들, 도시들, 이웃들 그리고 지역사회들이 변화되었습니다.

열쇠보다 더 중요하게 신비에 둘러 싸이고 유용한 것들이 있습니까? 그 신비, 왜 그렇습니까? 무엇이 그렇게 만들었나요? 이 새로운 발견은 무슨 동기를 유발합니까? "유용성", 그것은 의심할 것 없이 누가 가졌던지 무엇을 열 수 있다는 것입니다. 그것은 안전성과 함께 속에 그 비밀 코드를 가지고 있고 그것은 가능성도 줄 수 있고 또 텅 비어 있을 수도 있습니다. 그 열쇠는 성경 말씀을 통하여 찾아낼 수 있고 예수 그리스도 주님의 주권 아래 믿음으로 세워지고 적용되어 증명된 성경적 개념들과 성경적인 테마들이라 하겠습니다.[1]

 **묵상할 질문들**

1. 이 장은 사명의 실천에 대한 예수님의 믿음에 대하여 어떻게 깊은 영향을 끼쳤습니까?
2. 예수님이 사도들에게 가르치신 믿음이 당신에게는 어떤 영향을 주었습니까?
3. 이 장을 위하여 당신은 어떤 다른 성경 말씀을 인용하겠습니까?
4. 사명을 실천하는 사도들의 믿음에 감명을 받았습니까?
5. 당신은 사명을 실천하는데 대한 믿음이 어느 정도에 있습니까? (아래 표에 표시해 보세요.)

   0 | | | | 5 | | | | 10

   역대하 20:19-20 "그핫 자손과 고라 자손에게 속한 레위 사람들은 서서 심히 큰 소리로 이스라엘 하나님 여호와를 찬송하니라 이에 백성들이 일찌기 일어나 드고아 들로 나가니라 나갈 때 여호사밧이 서서 가로되 유다와 예루살렘 거민들아 내 말을 들을지어다 너희는 너희 하나님 여호와를 신뢰하라 그리하면 견고히 서리라 그 선지자를 신뢰하라 그리하면 형통하리라 하고"

6. 나는 어떻게 하면 믿음이 자랄 수 있을까요?

   이 몸에 소망 무언가 우리 주 예수 뿐일세
   우리 주 예수 밖에는 믿을이 아주 없도다 굳건한 반석
   그 위에 내가 서리라 그 위에 내가 서리라 (찬송가 539)

7. 이 장을 더 묵상하시고 가능하시면 시간을 내어 기도 하시며 찾으신 성경 말씀을 더 연구하십시오.

제 10 장

긍휼

"예수께서 나오사 큰 무리를 보시고 그 목자 없는 양 같음을 인하여 불쌍히 여기사 이에 여러 가지로 가르치시더라 때가 저물어가매 제자들이 예수께 나아와 여짜오되 이곳은 빈 들이요 때도 저물어 가니 무리를 보내어 두루 촌과 마을로 가서 무엇을 사 먹게 하옵소서 대답하여 가라사대 너희가 먹을 것을 주라 하시니 여짜오되 우리가 가서 이백 데나리온의 떡을 사다 먹이리이까" (마가복음 6:34-37)

예수님은 사람들에 대하여 긍휼한 마음을 가지고 계셨고 그들의 시급한 필요를 해결해 주시는 것에 우선 순위를 두셨습니다. 예수님은 따라 오는 군중들을 사역하시기 위하여 당신의 하시려던 아젠다(계획)를 기꺼이 바꾸셨습니다. 위의 말씀을 보면 제자들은 천국 복음을 선포하며 노방 전도하고 돌아왔습니다. 그들의 보고를 듣고 예수님은 그들에게 휴식을 취하라고 말씀하셨습니다. 그들이 와보니 많은 군중이 주님의 말씀을 듣기 위하여 따라오고 있었음을 발견했습니다. 그러므로 어찌든지 주님의 메시지를 들으려는 저들의 필요를 돌보기 위해 제자들은 자기들의 휴식과 바꿔야 했습니다.

    그 구절에는 안 나와 있지만 아마도 주님은 병자들을 고치시고 귀신 들린 자들을 풀어 주시고 귀신들을 쫓아내셨을 것입니다. 이런 일들이 주님이 하시는 사역이었기 때문입니다. 주님이 하시던 사역 내역이었기 때문입니다. 시간이 지나면서 사람들은 주님의 사역에 완전히 잡히게 되었습니다. 하루가 지나갔습니다. 제자들은 예수님의 사역에 세밀한 부분들을 도왔습니다. 그리고 때때로 주님께 제자들을 보내라고 말씀드려야 했습니다.

    예수님은 천국의 영원한 진리를 듣기 위하여 여러 장소들을 여행하며 따라 다니는 군중들과 오랜 시간을 보냈습니다. 이것 때문에 주님은 그들이 자기들 집에 돌아가기 전에 먹이고 보내기를 원하셨던 것입니다. 예수님은 제자들에게 군중들을 먹이라고 하셨습니다. 제자들은 여자와 노약자를 제외한 남자만 5천명의 대 군중들을 먹이라는, 인간의 힘으로는 할 수 없는 이러한 질문을 듣고 깜짝 놀랐습니다.

    제자들은 가서 먹을 것을 주라 하시는 예수님의 명령을 듣고 떡 다섯 덩이와 물고기 두 마리를 주님께 가지고 갔습니다. 이 적은 분량으로는 이 큰 군중에게 터무니도 없는 것이었습니다. 그러나 주님의 손에 놓으니 모두 다 충분히 먹고도 12광주리나 더 남았습니다. 이 경우부터 예수님은 제자들이 궁핍한 사람들을 볼 때 긍휼을 가지고 대응해야 할 원리를 세우셨습니다.

마태복음 25:34-40 "그때에 그 오른편에 있는 자들에게 이르시되 내 아버지께 복 받을 자들이여 나아와 창세로부터 너희를 위하여 예비된 나라를 상속하라 내가 주릴 때에 너희가 먹을 것을 주었고 목마를 때에 마시게 하였고 나그네 되었을 때에 영접하였고 벗었을 때에 옷을 입혔고 병들었을 때 돌아보았고 옥에 갇혔을 때에 와서 보았느니라 이에 의인들이 대답하여 가로되 주여 우리가 어느 때에 주의 주리신 것을 보고 공궤하였으며 목마르신 것을 보고 마시게 하였나이까 언제 나그네 되신 것을 영접하였으며 벗으신 것을 보고 옷 입혔나이까 어느 때에 병드신 것이나 옥에 갇히신 것을 보고 가서 뵈었나이까 하리니 임금이 대답하여 가라사대 내가 진실로 너희에게 이르노니 너희가 여기 내 형제 중에 지극히 작은 자 하나에게 한 것이 곧 내게 한 것이니라 하시고"

제자들은 사명을 실천하는데 긍휼의 원리를 교회 라이프 스타일로 배웠습니다. 그들은 가장 궁핍한 사람들을 돌봤습니다.

사도행전 2:44-45 " 믿는 사람들이 다 함께 있어 모든 물건을 서로 통용하고 또 재산과 소유를 팔아 각 사람의 필요를 따라 나눠주고"

사도 바울은 에베소 교회에 가난한 자에게 관대한 예수 그리스도의 라이프 스타일을 실천하라고 권면 합니다.

에베소서 4:28 "도적질하는 자는 다시 도적질하지 말고 돌이켜 빈궁한 자에게 구제할 것이 있기 위하여 제 손으로 수고하여 선한 일을 하라"

야고보 사도는 교회가 자비의 구제 사역을 해야 할 것이라고 훈계합니다.

> 야고보서 2:15-17 "만일 형제나 자매가 헐벗고 일용할 양식이 없는데 너희 중에 누구든지 그에게 평안히 가라, 더웁게 하라, 배부르게 하라 하며 그 몸에 쓸 것을 주지 아니하면 무슨 이익이 있으리요 이와 같이 행함이 없는 믿음은 그 자체가 죽은 것이라"

예수 그리스도의 교회는 그 시작 이후에 역사를 통하여 예수님의 긍휼로 그 특성을 나타내었습니다. 그것은 사명의 실천으로 그리스도인들은 예수님 가르침에 대한 순종으로 병원들, 진료소들, 학교들, 고아원들, 무료 식사 센터들을 세웠고 그 시설 설립의 핵심이 되는 메시지는 "그들에게 먹을 것을 주라"고 하신 주님의 가르침이었습니다.

우리는 닫혀진 한 가족이 아니고 웨슬리언은 연합된 그룹입니다. 우리의 유산은 사랑의 힘으로 연합된 한 가족이며 늘 팔을 벌려 긍휼로 남들에게 전도하며 새로운 사람들, 다른 사람들, 자기들의 권리를 짓밟힌 사람들을 우리의 공동체로 인도하는 사람들입니다.[1]

나사렛 교회는 그 형성 초기에 예수님의 긍휼을 실천했습니다. 우리의 중요 어록과 노래 라는 책에서 저자가 언급합니다.

우리는 이 세상에 물질이 필요함으로 그것에 대처하기 위하여 긍휼 사역을 계속합니다. 나사렛 교희는 여러 고아원들과 임산부 홈, 피난처들 운영을 계속합니다.[2]

하나님께 헌신된 사람들로서 우리는 잃어 버린 영혼들을 위하여 그리고 가난한 사람들, 고통 당하는 사람들에게 하나님의 사랑을 나누어야 합니다. 마태복음 28:19-20의 말씀이 우리에게 세상에서 전도하고 긍휼을 베풀고 공평을 행하도록 강권합니다.[3]

북미주 캐나다 긍휼 사역의 사명은(NCM) 긍휼을 가지고 그리스도의 삶을 따르며 살고 행동하는 것을 추구합니다. 우리는 성육화의 동일한 복음이 그리스도께서 살고 설교하신 것처럼 북미주 캐나다에서 이 세상을 향한 동일하신 하나님의 긍휼과 사랑을 증거하기를 추구합니다. 나사렛 긍휼 사역은(NCM) 긍휼 사역 센터와 예수님의 임재와 사랑이 필요한 지역사회에 긍휼과 치유를 가져오기 위하여 긴밀하게 일합니다. 우리는 모든 예수님을 따르는 자들은 자기들의 지역 사회에서 긍휼 사역을 하도록 부르셨다고 믿습니다.

초대교회 시대에는 그리스도인들은 온 세상에서 오직 말단에 있는 사람들과 일을 했습니다. 나사렛 교회는 특별히 세상에서 소외된 자들 가난한 자들을 품고 돌보아야 하는 교회의 필요성을 강조했습니다. 이 명령은 오직 교회 조직 속에서 뿐 아니고 모든 그리스도인들에 대한 개인적인 하나님의 부르심입니다.[4]

 **묵상할 질문들**

1. 사명의 실천에서 예수님의 긍휼 사역은 당신에게 어떤 영향을 주었습니까?
2. 예수님께서 제자들에 가르친 긍휼 사역이 당신에게 어떤 도움을 주었습니까?
3. 이 장에 어떤 다른 성경 말씀을 쓰시겠습니까?
4. 사명 실천에 있어 교회의 긍휼 사역이 당신에게 감동을 주었습니까?
5. 당신은 예수님의 긍휼 사역을 사명으로 알고 실천하십니까?
    (아래 표에 표시해 보세요.)

    0 | | | | 5 | | | | 10

    미가 6:8 "사람아 주께서 선한 것이 무엇임을 네게 보이셨나니 여호와께서 네게 구하시는 것이 오직 공의를 행하며 인자를 사랑하며 겸손히 네 하나님과 함께 행하시는 것이 아니냐"

6. 어떻게 하면 긍휼의 마음을 품을까요?
    우리는 지구를 품고 구원으로
    주께 성결함으로 빛은 열방을 비추며
    그 빛은 주님 램프에서부터
7. 이 장을 더 묵상하시고 가능하시면 시간을 내어 기도하시고 찾으신 성경 말씀을 더 공부하십시오.

제11장

조 직

"이는 남자가 한 오천 명 됨이러라 제자들에게 이르시되 떼를 지어 한 오십 명씩 짝 지어 앉히라고 하시니 제자들이 이렇게 하여 다 앉힌 후에 예수께서 떡 다섯 개와 물고기 두 마리를 가지사 하늘을 우러러 축사하시고 떼어 제자들에게 주어 무리 앞에 놓게 하시니 먹고 다 배 불렀더라 남은 조각 열두 바구니를 거두니라" (누가복음 9:14-17)

오천 명의 청중을 먹이기 위한 오병이어의 기적에서 예수님은 조직의 원리를 사용하셨습니다. 그 분은 자기에게 맡겨진 자원을 잘 사용하시는 훌륭한 매니저이셨습니다.

예수님은 하나님 나라를 전파하기 위해 제자들을 내보내실 때에도 둘씩 짝을 지어 내보냈고, 전도서의 말씀의 지혜를 잘 사용하셨습니다.

전도서 4:9-10 "두 사람이 한 사람보다 나음은 저희가 수고함으로 좋은 상을 얻을 것임이라 혹시 저희가 넘어지면 하나가 그 동무를 붙들어 일으키려니와 홀로 있어 넘어지고 붙들어 일으킬 자가 없는 자에게는 화가 있으리라"

두 사람씩 짝을 지어 줬을 뿐만 아니라 그 둘의 성격을 참고하셔서 두 사람을 팀으로 만드셨습니다. 이 팀의 관계는 예수님 승천 후에도 계속 되었습니다.

> 사도행전 3:1 "제 구 시 기도 시간에 베드로와 요한이 성전에 올라갈 새 나면서 앉은뱅이 된 자를 사람들이 메고 오니 이는 성전에 들어가는 사람들에게 구걸하기 위하여 날마다 미문이라는 성전 문에 두는 자라"

그들의 오랜 여행에 두 사람씩 짝을 지어 보내시니 제자들에겐 큰 도움이 되었고 여행 중 위험이나 모험을 만날 때에도 서로 보호가 되었을 것입니다. 저들은 여행 목적지까지 서로 상부 상조하며 갈 수 있었습니다. 예수님이 여행을 보내시는 장소까지 그 행로를 찾고 제자들을 보내는데 조직이 필수였습니다. 이것은 아무렇게나 즉흥적으로 되는 것이 아니었습니다. 예수께서 최대의 도시들에 최대의 사람들을 전도하시고자 하시기 위해 전도 계획을 세우시고 자원을 최대한으로 사용하셨습니다. 예수님은 사람 둘씩 짝지어 보내는 것 뿐 아니라 사명 실천을 위하여 훈련하고 다른 사람들 반응에 대처하는 법과 다른 집에 들어가서 어떻게 해야 하는 것을 가르치셨습니다. 저들의 친절하고 관대함에 대하여 대응하는 것까지 가르치셨습니다. 의심의 여지도 없이 예수님의 전략은 사명 실천을 가장 효과적으로 성취하기 위하여 가르치시고 훈련 하시는데 전념하셨던 것이었습니다. 많은 사람들이 예수님에 관하여 말하고 설교자로, 기적을 행하는 자로, 교사로 또는 그의 위대한 인격적인 사실에 관하여 썼습니다. 그 분은 행정적인 대 회사의 CEO와 같이 능력 있는 실무자, 지도자로서 사람들을 모집하고, 훈련시키며 동기를 부여하시며 감동시키고 열두 명의 팀을 지휘하셨습니다. 그들은 예수님들의 계획과 목적들을 따라서 주님의 영향력을 행사하며 예수님의 지휘 하에 세계를 정복했습니다.[1]

예수님은 그의 제자들에게 당신의 메시아의 사명을 마치는 그 잔치 준비, 승리의 입성에 관한 세밀한 지시를 내려주셨습니다.

> 마가복음 11:1-2 "저희가 예루살렘에 가까이 와서 감람산 벳바게와 베다니에 이르렀을 때에 예수께서 제자 중 둘을 보내시며 이르시되 너희 맞은편 마을로 가라 그리로 들어가면 곧 아직 아무도 타 보지 않은 나귀 새끼의 매여 있는 것을 보리니 풀어 끌고 오너라"

예수님의 생애와 사역에 또 하나의 영향을 끼친 사건은 유월절 잔치, 제자들과 최후의 만찬이었습니다. 이 만찬은 역사적인 유전과 관습과 맞춰서 세밀한 계획이 요구되었습니다.

예수님은 제자들에게 인류에게 새 언약을 위한 하나님의 온 인류 구원을 위한 계획을 확인하는 최후의 만찬 자리이므로 그 계획을 유월절 전통에 잘 맞춰서 세밀하게 준비하도록 지시하셨습니다.

> 마태복음 26:17-19 "무교절의 첫날에 제자들이 예수께 나아와서

가로되 유월절 잡수실 것을 우리가 어디서 예비하기를 원하시나이까 가라사대 성안 아무에게 가서 이르되 선생님 말씀이 내 때가 가까왔으니 내 제자들과 함께 유월절을 네 집에서 지키겠다 하시더라 하라 하신대 제자들이 예수의 시키는 대로 하여 유월절을 예비하였더라"

사도행전은 초대교회 초기의 그 행정 구조의 면모들을 기록하고 있습니다. 갈릴리 호숫가의 어부들은 예수 그리스도의 시니어 리더들이 되었습니다. 그리고 믿음의 공동체에 음식을 배급하는 조직적이고 행정적인 일을 해야 했습니다. 과부들을 섬기기 위하여 처음으로 선출된 집사들은 사도들이 초대교회 신자들의 공동체에 일어나는 긴장감을 해결하기 위한 새로 조직된 위원회 구조를 만들어 시행할 수 있는 능력이 생겼다는 것입니다.

사도행전 6:2-3 "열 두 사도가 모든 제자를 불러 이르되 우리가 하나님의 말씀을 제쳐 놓고 공궤를 일삼는 것이 마땅치 아니하니 형제들아 너희 가운데서 성령과 지혜가 충만하여 칭찬 듣는 사람 일곱을 택하라 우리가 이 일을 저희에게 맡기고"

사도들은 예수님이 조직하는 방법을 보고 배웠습니다. 그리고 특정한 것들은 제자들에게 맡기셨습니다. 폭발적으로 성장하는 초대교회는 그 당시의 복합적 성장을 위하여 일을 더 맡기려고 대리로 일꾼들을 더 많이 세웠습니다.

사도행전 6:7 "하나님의 말씀은 점점 왕성하여 예루살렘에 있는 제자의 수가 더 심히 많아지고 허다한 제사장의 무리도 이 도에 복종하니라"

성령님이 지휘하셔서 안디옥 교회에 최초의 선교사 그룹이 조직되었습니다. 그들은 하나님 나라의 지경을, 경계를 넓히기 위해 바나바와 바울을 그들 도시 밖 멀리로 보냈습니다.

성령님이 인도하셨지만 그래도 첫 번째 선교사들을 보내기 위한 선교 조직이 필요했습니다. 사도 바울은 교회의 사명을 이룩하고 전진하기 위하여 도시들을 방문하는데 전략적 계획을 세우기 위해 조직의 원리를 사용했습니다.

사도행전 18:22-23 "가이사랴에서 상륙하여 올라가 교회의 안부를 물은 후에 안디옥으로 내려가서 얼마 있다가 떠나 갈라디아의 브루기아 땅을 차례로 다니며 모든 제자를 굳게 하니라"

그들의 첫째 선교 여행 때에 바울과 바나바는 새 신자들을 조직했습니다: "각 교회에서 그들은 장로들을 임명하였다." 조직과 구조는 천국 안에서 새로운 교회를 설립하는 것을 후원하는데 기초적인 것이었습니다.

성령으로 기름 부음 받은 열정과 영혼을 사랑하는 사도 요한 웨슬리는 조직의 원리를 사용하는 덕을 이해했습니다. 그는 리더들 곧 그 운동의 회원들을 그룹과 밴드, 클래스들, 소사이어티 감리교회라고 불리는 사람들로 효과적으로 성장시켰습니다. 전략적 조직의 천재, 웨슬리는 전도 스몰 그룹과 제자들의 스몰 그룹을 형성하고 있었습니다.

그는 제자들에게 말했습니다. "가능한 대로 많은 곳에서 설교하고 가능한 대로 많은 클래스를 조직하라. 그러나 새로운 클래스를 만들지 않고는 설교하지 말라."

죠지 윗필드는 말했습니다. "나의 형제 웨슬리는 나보다 지혜로웠습니다. 그는 자기 사역에서 회심한 사람들을 조직하여 클래스로 보냈습니다. 나는 주의성이 부족하여 나의 사역에서 회심한 사람들은 모두 바람과 같이 사라진 것 같습니다."

의심할 것 없이 웨슬리의 조직적인 행정력은 그의 운동을 계속 유지하는데 유익했습니다. 그리고 영국과 세계를 전도할 수 있게 했습니다.

좋은 상무 이사는 가능성 있는 좋은 팀에 둘러싸이는 것을 선호하며 그로 말미암아 자기에게 맡겨진 자기 업무를 잘 수행 하고 회사의 모든 업무를 최선으로 경영해 나갑니다.²

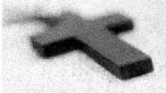 묵상할 질문들

1. 사명 실현에 조직의 사용에 관한 이 장이 당신에게 어떤 충격적인 영향을 주었습니까?
2. 예수님의 조직에 관한 가르침이 당신에게 어떤 도움이 되었습니까?
3. 이 장을 위해서 어떤 다른 성경 말씀을 인용하시겠습니까?

4. 사도들이 사명 실천을 위하여 조직을 사용한 것은 당신에게 어떤 도움이 되었습니까?
5. 나는 사명의 실천을 위해 조직과 원리를 사용합니까?
   (아래 표에 표시해 보세요.)

   0 | | | | 5 | | | | 10

   출애굽기 18:17-21 "모세의 장인이 그에게 이르되 그대의 하는 것이 선하지 못하도다 그대와 그대와 함께 한 이 백성이 필연 기력이 쇠하리니 이 일이 그대에게 너무 중함이라 그대가 혼자 할 수 없으리라 이제 내 말을 들으라 내가 그대에게 방침을 가르치리니 하나님이 그대와 함께 계실지로다 그대는 백성을 위하여 하나님 앞에 있어서 소송을 하나님께 베풀며 그들에게 율례와 법도를 가르쳐서 마땅히 갈 길과 할 일을 그들에게 보이고 또 그대는 온 백성 가운데서 재덕이 겸전한 자 곧 하나님을 두려워하며 진실무망하며 불의한 이를 미워하는 자를 빼서 백성 위에 세워 천부장과 백부장과 오십부장과 십부장을 삼아"

6. 내가 어떻게 조직을 사용할 수 있을까요?
7. 이 장을 더 묵상하시려면 가능한 대로 더 기도하시고 말씀을 더 연구하시기 바랍니다.

제 **12** 장

쉼과 영적 재충전

"사도들이 예수께 모여 자기들의 행한 것과 가르친 것을 낱낱이 고하니 이르시되 너희는 따로 한적한 곳에 가서 잠깐 쉬어라 하시니 이는 오고 가는 사람이 많아 음식 먹을 겨를도 없음이라 이에 배를 타고 따로 한적한 곳에 갈새" (마가복음 6:30-32)

제자들이 돌아와 그들이 천국 복음을 전파하는 여행 도중에서 행한 일들을 주님께 보고해 드렸습니다. 예수님께서는 사명을 실천하는데 얼마나 육체적으로나 감정적으로 에너지가 소모되는지 잘 아시고 계셨습니다.

예수님은 제자들을 귀히 여기셨습니다. 저들의 선교 여행에서 회복하기 위하여 그들을 쉬게 하시려고 수양회를 계획 하셨습니다.

제자들을 잠시 쉬라고 하신 주님의 초청은 인간의 육체가 쉼이 얼마나 중요한 지를 의미하는 것입니다. 창조주도 하늘과 땅을 창조하신 후 쉬셨습니다. 하나님께서 쉬심이 필요한 것이 아니었습니다. 오히려 인간에게 날마다 삶 가운데 쉬는 것이 필요한 것을 아시고 쉬어야 한다는 원리를 가르치신 것입니다.

> 창세기 2:1-3 "천지와 만물이 다 이루니라 하나님이 지으시던 일이 일곱째 날이 이를 때에 마치니 그 지으시던 일이 다하므로 일곱째 날에 안식 하시니라 하나님이 일곱째 날을 복 주사 거룩하게 하셨으니 이는 하나님 이 그 창조하시며 만드시던 모든 일을 마치시고 이날에 안식하셨음이더라"

창조하신 후 여러 세기 후에 히브리인들은 계속하여 애굽 제국으로부터 항상 강제로 항복을 요구 받는 노예의 입장 이었습니다. 일, 일, 일, 공사 감독들은 압박하고 요구했습니다. 더 생산, 생산하라, 계속, 압력, 압력, 압력, 압력, 결과, 결과, 결과를 내라고….

노예들에게는 쉼이 없었습니다. 그들의 목적은 주인을 위하여 생산하는 것이었습니다. 약속의 땅으로 들어가는 도중에 하나님께서는 이스라엘 백성들에게 가장 중심이 되는 삶의 리듬을 위해 안식, 안식일의 계명을 주셨습니다. 불공평한 노예의 멍에를 메고 사는 노예 생활에서는 쉼 없이 일하였지만 자유가 있는 약속의 땅은 달랐습니다.

하나님은 인간의 몸에 맞게 필요한 휴식을 제정하셨습니다. 안식은 날마다의 일과 직업에서 쉬는 하루 입니다.

> 출애굽기 20:8-11 "안식일을 기억하여 거룩히 지키라 엿새 동안은

힘써 모든 일을 행할 것이나 제 칠일은 너의 하나님 여호와의 안식인
즉 너나 네 아들이나 네 딸이나 네 남종이나 네 여종이나 네 육축이
나 네 문안에 유하는 객도 아무 일도 하지 말라 이는 엿새 동안에 나
여호와가 하늘과 땅과 바다와 그 가운데 모든 것을 만들고 제 칠일에
쉬었음이라 그러므로 나 여호와가 안식일을 복되게 하여 그날을 거
룩하게 하였느니라"

호레이스 코웬은 샤밭(안식)이라는 원어의 의미를 그의 저서 "성서
와 역사 속에 안식"이라는 책에서 이렇게 서술하고 있습니다. 안식은
어느 숫자적인 기간의 시간 관념이 아니고 단순히 일을 멈추고 쉬라는
뜻입니다. 토요일, 일반적으로 일곱째 날이라고 인식되어 있지만 그것
은 일곱이라는 숫자나 혹은 어떤 특정한 날을 한정한 것이 아닙니다.[1]

예수님께서는 주님이 사역하시는 사람들, 이웃 도시나 여러 날을
여행하면서 온 군중들과 개개인들로부터 확실히 쉬시는 시간을 구별하
여 놓으시고 휴식을 취하셨습니다. 휴식을 취하시는 시간은 예수님과
그 제자들의 삶에 있어서 없어서는 안 될 중요한 부분이었습니다. 복
음서에 보면 예수님은 아버지와 깊은 교제를 하시며 시간을 보내시기
위하여 광야로 피신하셨다고 기록하고 있습니다. 예수님은 이 피신의
수양 기간에 아버지와 시간을 보내시면서 사역의 사명으로부터 쉬며
그의 육체적인 기운을 회복했습니다. 예수님이 이렇게 하신 모든 동기
는 세상을 구원하시기 위해서였습니다. 그분은 자기의 아버지께 가셔
서 피곤한 영, 혼, 육을 위하여 자주 쉬는 것이 필요하셨습니다.[2] 조용
한 곳으로, 예수님은 조용한 곳으로 물러가 쉬시는 것을 습관적으로
하시면서 제자들에게 그것을 훈련하셨습니다.

마태복음 17:1-2 "엿새 후에 예수께서 베드로와 야고보와 그 형제 요한을 데리시고 따로 높은 산에 올라가셨더니 저희 앞에서 변형 되사 그 얼굴이 해 같이 빛나며 옷이 빛과 같이 희어졌더라"

그의 가장 가까운 내부 측근의 제자들과의 수양회는 예수님의 삶 가운데 신선하고 영광스러운 순간이었습니다. 이 수양회는 사도 베드로에게도 잊을 수 없는 것이었고, 후에 교회에 보내는 그 서한에서 인용하였습니다.

베드로후서 1:16-17 "우리 주 예수 그리스도의 능력과 강림 하심을 너희에게 알게 한 것이 공교히 만든 이야기를 좇은 것이 아니요 우리는 그의 크신 위엄을 친히 본 자라 지극히 큰 영광 중에서 이러한 소리가 그에게 나기를 이는 내 사랑하는 아들이요 내 기뻐하는 자라 하실 때 저가 하나님 아버지께 존귀와 영광을 받으셨느니라"

사도들과 제자들은 주님의 가르침을 본보기로 따르고 기도하며 수양회를 가서 예수 그리스도의 영광스러운 임재를 찾으며 그들의 사역의 페이스에서 휴식을 취했습니다. 예수님에게 가서 그 임재를 추구하는 영적 수양회와 휴식의 원리는 사역을 위해 부름 받은 남녀들의 삶에서 중요한 한 부분임에 틀림이 없습니다.

광야로 자주 기도하러 가십시오! 당신이 하시는 하나님의 사역은 매우 중요합니다. 하나님의 사역에 대한 당신의 비전은 매우 의미심장합니다. 당신의 사역을 위해 당신 속에 불타고 있는 부르심도 중하지

만 그와 똑같이 광야로 가라고 부르시는 것도 또한 똑같이 의미심장하고 시급하며 매우 중요합니다. 광야로 갑시다.³

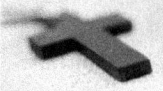 **묵상할 질문들**

1. 이 장에서 예수님이 사명을 실천하시기 위해 취하신 휴식과 영적 수양회는 당신에게 어떤 영향을 끼쳤습니까?
2. 당신은 예수님의 휴식과 영적 수양회에 대한 가르침에서 무엇을 배웠습니까?
3. 어떤 다른 성경 말씀을 인용하였습니까?
4. 사명을 실천하기 위하여 사도들이 휴식하고 영적 수양회를 한 것이 당신에게 도움이 되었습니까?

5. 당신은 하루를 쉬고 있습니까? (아래 표에 표시해 보세요.)

```
0  |  |  |  |  5  |  |  |  |  10
```

민수기 10:33 "그들이 여호와의 산에서 떠나 삼일 길을 행할 때에 여호와의 언약궤가 그 삼일 길에 앞서 행하며 그들의 쉴 곳을 찾았고"

6. 사명을 실천하기 위하여 휴식을 유지하고 수양회를 가지도록 노력합니까?

> 선한 목자 되신 우리 주 항상 인도하시고
> 방초 동산 좋은 곳에서 우리 먹여 주소서
> 선한 목자 구세주여 항상 인도하소서
> 선한 목자 구세주여 항상 인도하소서

7. 이 장을 더 깊이 묵상하기 위해 기도하시고 찾으신 말씀으로 기도하며 더욱 연구하십시오.

제13장

종과 겸손

"또 저희 사이에 그 중 누가 크냐 하는 다툼이 난 지라 예수께서 이르시되 이방의 임금들은 저희를 주관하며 그 집권자들은 은인이라 칭함을 받으나 너희는 그렇지 않을지니 너희 중에 큰 자는 젊은 자와 같고 두목은 섬기는 자와 같을지니라 앉아서 먹는 자가 크냐 섬기는 자가 크냐 앉아서 먹는 자가 아니냐 그러나 나는 섬기는 자로 너희 중에 있노라" (누가복음 22:24-27)

예수님은 사명을 실천하시는데 종과 겸손의 원리를 본보여 주셨습니다. 예수님은 본을 보여주시고 가르치셨습니다. 그의 리더십은 종의 사역으로 사람들을 섬기며 섬기는 마음을 가진 특징을 가졌습니다. 그는 하나님 나라의 지도자와 세상의 지도자가 주목할 만큼 다르다는 것을 확실히 보여주셨습니다.

천국의 권세의 원리는 지상의 지배하는 권세의 것과는 확실히 다릅니다. 예수님은 제자들이 사명을 실천하고 섬기며 지도해야 하는 것에 대한 확실한 이해를 원하셨습니다. 그들이 관계한 지도력의 권세의 원리를 명백히 이해하도록 가르치셨습니다. 하나님 나라의 종의 태도는 세상적 지도자와 같이 개인의 유익에 초점을 맞추는 것이 아니라 사명에 도움이 되도록 초점을 맞춰야 합니다.

> 마태복음 20:26-27 "너희 중에는 그렇지 아니하니 너희 중에 누구든지 크고자 하는 자는 너희를 섬기는 자가 되고 너희 중에 누구든지 으뜸이 되고자 하는 자는 너희 종이 되어야 하리라"

예수님은 예수님의 제자들에게 하나님 나라의 원리와 가치를 가르치기 위하여 모든 기회를 다 사용하셨습니다. 예수님은 항상 종의 삶이셨습니다. 최후의 만찬 때에 인류의 구원을 위한 고난의 종으로 자신을 드리기 전에 예수님은 실제적 종의 태도를 보여 주셨습니다.

> 요한복음 13:4-5 "저녁 잡수시던 자리에서 일어나 겉옷을 벗고 수건을 가져다가 허리에 두르시고 이에 대야에 물을 담아 제자들의 발을 씻기시고 그 두르신 수건으로 씻기기를 시작하여"

발을 씻기는 것은 예수님 당시는 흔한 관습이었습니다. 그리고 그 일은 집 안에 있는 종들에게 주어진 일들이었습니다. 종들에서도 가장 낮은 종들에게 맡겨진 일이었습니다.

그 분이 수건으로 그들의 발을 씻기시면서 예수님은 제자들이 어떻게 하나님 나라의 지도자가 되어야 하는지를, 그분의 휘하에 있는 그들을 섬김으로 보이셨습니다.

예수님의 본보기가 되는 태도는 예수님 제자들에게 사명을 실천 하는 것은 섬기는 삶으로의 부르심이라는 것을 보여주는 것이었습니다.

> 요한복음 13:15-16 "내가 너희에게 행한 것 같이 너희도 행하게 하려 하여 본을 보였노라 내가 진실로 진실로 너희에게 이르노니 종이 상전보다 크지 못하고 보냄을 받은 자가 보낸자 보다 크지 못하니"

매번 예수님의 제자들은 권세와 능력에 대한 야망을 보였습니다. 예수님은 권세와 능력을 하나님 나라를 위해 어떻게 사용하는지 교훈을 보여주셨습니다.

> 마태복음 18:1-5 "그 때에 제자들이 예수께 나아와 가로되 천국에서는 누가 크니이까 예수께서 한 어린 아이를 불러 저희 가운데 세우시고 가라사대 진실로 너희에게 이르노니 너희가 돌이켜 어린 아이들과 같이 아니하면 결단코 천국에 들어가지 못하리라 그러므로 누구든지 이 어린 아이와 같이 자기를 낮추는 그이가 천국에서 큰 자니라 또 누구든지 내 이름으로 이런 어린아이 하나를 영접하면 곧 나를 영접함이니"

예수님은 종의 마음과 태도를 본보기로 보여주셨을 뿐 아니라 겸손의 원리의 삶을 사셨습니다. 예수님은 세상의 왕으로 섬김을 받으실 권리를 가지셨지만 결코 그 권리를 사용하지 않으셨습니다. 전능 왕이 세상의 왕과 견주어 볼 때 전능 왕이신 그분의 구유의 탄생은 무엇보다도 더 좋은 겸손에 대한 설명이 됩니다. 나귀를 타고 예루살렘에 메시아의 승리의 입성도 그분의 겸손의 표현이었습니다.

> 마태복음 21:1-5 "저희가 예루살렘에 가까이 와서 감람산 벳바게에 이르렀을 때에 예수께서 두 제자를 보내시며 이르시되 너희 맞은편 마을로 가라 곧 매인 나귀와 나귀 새끼가 함께 있는 것을 보리니 풀어 내게로 끌고 오너라 만일 누가 무슨 말을 하거든 주가 쓰시겠다 하라 그리하면 즉시 보내리라 하시니 이는 선지자로 하신 말씀을 이루려 하심이라 일렀으되 시온 딸에게 이르기를 네 왕이 네게 임하나니 그는 겸손하여 곧 멍에 메는 짐승의 새끼를 탔도다 하라 하였느니라"

예수님은 군중들이 믿고 따라오게 하셨으므로 그들은 예수님을 찾아 따라다녔습니다. 그들은 그의 사랑의 투명성, 종과 같은 겸손한 마음을 볼 수 있었기 때문입니다. 사람들은 예수님이 그들과 함께 있는 것을, 사랑한다는 것을 느꼈습니다. 어린아이들까지 그에게 가까이 다가갔다는 그것은 주님이 어떤 분인지를 말해줍니다."[1]

사도 바울은 많은 언어적인 능력, 지적인 능력과 함께 종교적인 성취와 교회를 개척하고 발전하게 하는 재능을 가진 사람이었습니다. 이 모든 것이 그를 교만한 태도를 갖게 할 수도 있었습니다. 그러나 그는 하나님 나라의 사람들의 특징이 겸손이라는 원리를 알았습니다. 그것은 주님이 직접 본보기로 가르쳐 주셨기 때문입니다.

> 고린도후서 10:1 "너희를 대하여 대면하면 겸비하고 떠나 있으면 담

대한 나 바울은 이제 그리스도의 온유와 관용으로 친히 너희를 권하고"

바울은 빌립보 교회에 예수 그리스도의 본을 받아 종의 마음과 겸손한 삶, 태도로 행동하여 예수를 따르는 자답게 살라고 말합니다.

빌립보서 2:5-8 "너희 안에 이 마음을 품으라 곧 그리스도 예수의 마음이니 그는 근본 하나님의 본체시나 하나님과 동등됨을 취할 것으로 여기지 아니 하시고 오히려 자기를 비어 종의 형체를 가져 사람들과 같이 되었고 사람의 모양으로 나타나셨으매 자기를 낮추시고 죽기까지 복종하셨으니 곧 십자가의 죽으심이라"

교회에 보낸 그의 편지에 야고보 사도는 시편을 인용하며 겸손한 태도를 본받으라고 충고하였습니다.

야고보서 4:6 "그러나 더욱 큰 은혜를 주시나니 그러므로 일렀으되 하나님이 교만한 자를 물리치시고 겸손한 자에게 은혜를 주신다 하였느니라"

세상의 교만한 지도자들과 달리 겸손은 예수 그리스도의 교회의 지도자들만이 가진 구별되는 모습이 되겠습니다.

프라이드는 자기 중심이며 우리가 보고 만지고 또는 상상할 수 있는 권리가 있다고 생각하게 합니다. 그것은 우리가 필요한 것 이상으로 욕심을 내게 합니다. 우리가 하나님 앞에, 오직 우리는 그분의 허락

하심 만을 기다리는 겸손을 가질 때 우리는 자아 중심에서 벗어날 수 있습니다.[2]

하나님 나라의 가치관으로 살고 있는 하나님의 종은 겸손과 종의 심장으로 사역에서 실천할 때 사람들 마음을 이끕니다. 주님의 제자들의 본이 되는 삶에 반대로 교만한 태도를 지닌 지도자들과 달리 지도자들은 겸손과 봉사의 본보기로 사람들에게 감명을 줍니다.

그리스도인의 리더십은 근본적으로 모든 다른 리더십과 다릅니다. 세상의 조직과 비록 같은 조직이라도 할지라도 은혜로운 사람들의 지도력, 삶과 마음 속에서 역사하시는 성령님을 통해 다를 것입니다. 하나님의 은혜로 지도자들은 속과 겉이 완전히 바뀌었습니다. 마음의 변화는 예수님을 닮은 본질적인 변화입니다.[3]

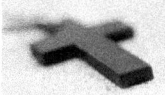 **묵상할 질문들**

1. 이 장에서 예수님의 사명 실천에 있어서 겸손하심과 종의 마음이 당신에게 어떤 영향을 주었습니까?
2. 예수님의 겸손, 종의 마음과 태도의 가르침에서 무엇을 배우셨습니까?
3. 어떤 다른 성경 말씀을 이 장에 인용하시겠습니까?
4. 사도들이 겸손함과 종의 정신을 가지고 사명을 실천한 것에 대해 감동을 받았습니까?
5. 당신은 사명 실천을 위하여 종의 마음과 겸손한 삶을 살고 있습니까? (아래 표에 표시해 보세요.)

0 | | | | 5 | | | | 10

이사야 66:2 "나 여호와가 말하노라 나의 손이 이 모든 것을 지어서 다 이루었느니라 무릇 마음이 가난 하고 심령에 통회하며 나의 말을 인하여 떠는 자 그 사람은 내가 권고 하려니와"

6. 내가 어떻게 종의 겸손의 삶을 살 수 있을까요?

왕좌는 흥하고 망하여도
왕권도 흥하고 망하나
임마누엘의 왕좌는 그들 위에서 번영해

종과 겸손

제 14 장

섬김의 값

"길 가실 때에 혹이 여짜오되 어디로 가시든지 저는 좇으리이다 예수께서 가라사대 여우도 굴이 있고 공중의 새도 집이 있으되 인자는 머리 둘 곳이 없도다 하시고 또 다른 사람에게 나를 좇으라 하시니 그가 가로되 나로 먼저 가서 내 부친을 장사하게 허락하옵소서 가라사대 죽은 자들로 자기의 죽은 자를 장사하게 하고 너는 가서 하나님의 나라를 전파하라 하시고 또 다른 사람들이 가로되 주여 내가 주를 좇겠나이다 마는 나로 먼저 내 가족을 작별하게 허락 하소서 예수께서 이르시되 손에 쟁기를 잡고 뒤를 돌아보는 자는 하나님의 나라에 합당치 아니하리라 하시니라" (누가복음 9:57-62)

예수님은 인류의 구원을 위하여 자기의 생명을 바치는 최고의 값을 치르셨습니다. 그 분의 고난과 삶은 선지자들에 의해 기다리던 바였습니다. 사명을 실천하기 위하여 순종함으로 자기들을 생명을 바친 사람들이었습니다. 이사야 선지자는 말했습니다.

> 이사야 53:5-6 "그가 찔림은 우리의 허물을 인함이요 그가 상함은 우리의 죄악을 인함이라 그가 징계를 받음으로 우리가 평화를 누리고 그가 채찍에 맞음으로 우리가 나음을 입었도다 우리는 다 양 같아서 그릇 행하여 각기 제 길로 갔거늘 여호와께서는 우리 무리의 죄악을 그에게 담당시키셨도다"

예수님은 당신의 제자들에게 주님을 따르는 것에 어떤 값을 치러야 하는지, 부르심에 어떤 희생의 값을 치러야 하는지를 알도록 매우 명백하게 말씀하셨습니다. 예수님은 제자들에게 부르심이 안이한 길이 아니라 죽음의 값을 치러야 할 고험이 따르는 길이라는 것을 경고하셨습니다.

> 누가복음 9:23-24 "또 무리에게 이르시되 아무든지 나를 따라 오려거든 자기를 부인하고 날마다 제 십자가를 지고 나를 좇을 것이니라 누구든지 제 목숨을 구원코자 하면 잃을 것이요 누구든지 나를 위하여 제 목숨을 잃으면 구원하리라"

예수님은 그날의 필요 만을 채우시는 단순한 라이프 스타일을 사셨습니다. 예수님은 제자들에게 자기가 사시는 삶의 본보기로 가르치셨고 그들을 준비시키셨습니다. 그는 종교 지도자들의 가르침과 행동의 불일치를 싫어하셨고 항상 그들에게 대적 하셨습니다. 그들은 자기들이 사람들에게 항상 가르치고 요구하는 것들을 자신들은 행하도록 준비되지 않았기 때문이었습니다. 예수님은 제자들이 종교 지도자들의 본을 따르지 않고 예수님의 가르치심의 원리에 일치하는 삶을 살도록 분명히 가르치셨습니다.

> 마태복음 23:2-4 "서기관들과 바리새인들이 모세의 자리에 앉았으니 그러므로 무엇이든지 저희의 말하는 바는 행하고 지키되 저희의 하는 행위는 본받지 말라 저희는 말만 하고 행치 아니하며 또 무거운 짐을 묶어 사람의 어깨에 지우되 자기는 이것을 한 손가락으로도 움직이려 하지 아니하며"

왕 중의 왕이 주거하실 집이 없었습니다. 그를 따르는 사람들과 제자들을 대접할 수 있는 기쁨과 안락함이 있는 왕궁도 없었습니다. 그분은 여숙자로 사셨고 당신을 초대해서 듣기를 원하는 친절하고 손 대접을 즐기는 관대한 사람의 집에서 머무르셨습니다.

하나님 나라 사명의 실천에 초점을 두고 계속 사역하시기 위해 하나님의 예비하심을 전적으로 의뢰하며 예수님은 부유나 세상적인 물질을 축척하지 않으셨습니다. 예수님은 그의 제자들이 하나님 나라에 우선 순위와 가치를 두고 살도록 저들을 형성하시고 계셨습니다.

> 마태복음 6:33 "너희는 먼저 그의 나라와 그의 의를 구하라 그리하면 이 모든 것을 너희에게 더하시리라"

예수님은 세상의 재물의 부요와 그 위험성에 대하여 제자들에게 시리즈로 가르치셨습니다. 그 재물은 주의 종들까지도 올무가 될 수 있고 사람의 마음을 부패하게 한다는 것을 가르치셨습니다.

> 마태복음 6:24 "한 사람이 두 주인을 섬기지 못할 것이니 혹 이를 미워하며 저를 사랑하거나 혹 이를 중히 여기며 저를 경히 여김이라 너희가 하나님과 재물을 겸하여 섬기지 못하리라"

주님이시요, 선생님은 부르심에 대하여 완전한 헌신의 삶이 저들을 기다리고 있는 것을 제자들이 기대하도록 준비 시키셨습니다. 주님은 항상 저들이 어려움이나 박해, 시험들을 당면할 때 놀라지 않고 계속 주님 천국의 사명을 실천하기를 원하셨습니다.

> 마태복음 10:16-19 "보라 내가 너희를 보냄이 양을 이리 가운데 보냄과 같도다 너희는 뱀 같이 지혜롭고 비둘기 같이 순결하라 사람들을 삼가라 저희가 너희를 공회에 넘겨 주겠고 저희 회당에서 채찍질하리라 또 너희가 나로 인하여 총독들과 임금들 앞에 끌려 가리니 이는 저희와 이방인에게 증거가 되게 하려 하심이라 너희를 넘겨 줄 때 어떻게 또는 무엇을 말할까 염려치 말라 그 때에 무슨 말할 것을 주시리니"

예수의 사도들과 첫 제자들은 박해 당하고 투옥되고 죽기까지 하였습니다. 초대 교회가 신실하신 예수님의 부르심에 대한 가장 비싼 값을 치른 것이었습니다. 주님은 제자들에게 순교와 투옥됨과 박해, 모든 고통과 시련이 올 것을 경계하셨습니다. 그러나 그 분은 사명의 실천을 하시는데 승리의 그리고 영광스러우신 주님이 증거해 주신 성령님이 오셔서 저들과 함께 하시며 저들에게 힘주시고 도우실 것을 약속하셨습니다. 사도행전과 신약성경의 기록들은 예수님의 제자들이 얼마나 비싼 값을 치뤘는지 그 간증을 우리에게 보여주었습니다.

> 사도행전 8:1-3 "그 날에 예루살렘에 있는 교회에 큰 핍박이 나서 사도 외에는 다 유대와 사마리아로 모든 땅으로 흩어지니라 경건한 사람들이 스데반을 장사하고 위하여 크게 울더라 사울이 교회를 잔멸할새 각 집에 들어가 남녀를 끌어다가 옥에 넘기니라"

사도 베드로는 주님께서 제자들에게 경고하며 말씀하신 이 모든 다양한 시험들을 경험했습니다. 사도 베드로는 교회가 어려운 때에 동행하시는 성령님과 성령님의 위로하심을 상기시키며 그로 말미암아 예수님께 충성스럽게 견디어 내고 믿음 안에 남아 있기를 권면합니다.

> 베드로전서 4:12-14 "사랑하는 자들아 너희를 시련하려고 오는 불 시험을 이상한 일 당하는 것 같이 이상히 여기지 말고 오직 너희가 그리스도의 고난에 참예하는 것으로 즐거워하라 이는 그의 영광을 나타내실 때에 너희로 즐거워하고 기뻐하게 하려 함이라 너희가 그리스도의 이름으로 욕을 받으면 복 있는 자로다 영광의 영 곧 하나님의 영이 너희의 위에 계심이라"

회심 후에 사도 바울에게 아나니아는 그가 예수님의 제자가 되는 데 많은 값을 치를 것이라고 말했습니다.

> 사도행전 9:15-16 "주께서 가라사대 가라 이 사람은 내 이름을 이방인에게 임금들과 이스라엘 자손들 앞에 전하기 위하여 택한 나의

그릇이라 그가 내 이름을 의하여 해를 얼마나 받아야 할 것을 내가 그에게 보이리라 하시니"

역사를 통하여 교회는 그 사역에 생명을 바친 수 없는 예수 그리스도의 제자들, 그 충성된 증인들을 통하여 세워졌습니다. 이 구름 같은 믿음의 영웅들은 주님이 본이 되신 삶의 가르치심을 따라 살았고 계속해서 살았습니다. 이 제자들은 자서전에서 예수님과 같이 산 것을 증명하며 그들 중 어떤 이들은 순교자로서 예수 그리스도를 위하여 순교하며 자기 생명을 바치기까지 최고의 값을 치르기도 했습니다. 다른 이들은 물질의 사치성이나 능력이나 세상이 제공하는 쾌락이 없이 살았습니다.

그들은 고통으로, 박해로, 감옥 생활로, 고문 당함으로, 혹은 알지 못하는 타국으로 가서 그 모든 계약을 받는 환경에서도 사명을 실천하는 고통을 치뤘습니다.

예수님은 사역생활에서 항상 제자의 가치에 대하여 그리고 그것의 우선 순위에 대하여 말씀하셨습니다(누가복음 9:23; 14:25-27, 33).

제자는 비싼 값을 치러야 합니다. 그러나 우리는 매번 순종해야 합니다. 길게 보면 불순종의 가격은 더 비싸기 때문입니다. 반대로 순종하면(제자로서)… 활기찬 제자들은 교회에 비교할 수 없는 능력의 원천으로 교회에 흘러 들어가게 됩니다. 제자의 값은 비쌉니다. 그러나 그 값이 있습니다.[1]

 **묵상할 질문들**

1. 이 장에 예수님이 사명을 실천하기 위하여 지불하신 비싼 값이 어떻게 당신에게 영향을 끼쳤습니까?
2. 당신은 이 예수님이 가르치신 제자의 값에 대하여 무엇을 배우셨습니까?
3. 이 장에 어떤 다른 성경 말씀을 인용하시겠습니까?
4. 당신은 사명을 실천하기 위해 사도들이 지불한 제자의 값을 보고 감동을 받았습니까?
5. 당신은 섬김의 값을 치를 마음의 준비가 되어 있습니까? (아래 표에 표시해 보세요.)

```
0     |     |     |     5     |     |     |     10
```

예레미야 1:8-10 "너는 그들을 인하여 두려워 말라 내가 너와 함께 하여 너를 구원하리라 나 여호와의 말이니라 하시고 여호와께서 그 손을 내밀어 내게 이르시되 보라 내가 내 말을 네 입에 두었노라 보라 내가 오늘날 열방 만국 위에 세우고 너로 뽑으며 파괴하며 파멸하며 넘어뜨리며 건설하며 심게 하였느니라"

6. 나는 어떻게 제자의 값 때문에 오는 시험을 참을 수 있습니까?
   최후 승리를 얻기까지 주의 십자가 사랑하리
   빛난 면류관 얻기까지 험한 십자가 붙들겠네 (찬송가 135)
7. 이 장을 더 묵상하시고 가능하시면 시간을 갖고 기도하시고 찾으신 성경을 연구하십시오.

제 15 장

천국의 실과

"내가 참 포도나무요 내 아버지는 그 농부라 무릇 내게 있어 과실을 맺지 아니하는 가지는 아버지께서 이를 제해 버리시고 무릇 과일을 맺는 가지는 더 과실을 맺게 하려 하여 이를 깨끗케 하시느니라"(요한복음 15:1-2)

예수님의 기적은 하나님 나라를 나타내는 표시입니다. 그 분이 물을 포도주로 만드셨을 때 그 연회장이 감동한 것과 같은 것입니다. 물고기를 잡는 기적이 있었을 때 먼저 시몬을 사람 낚는 어부가 되라고 한 것도 사람들이 너무나 많은 고기를 잡음으로 배가 너무 무거웠던 것처럼. 수많은 군중에게 단지 오병 이어 가지고 모두 만족하게 먹인 후에 12광주리의 음식이 남았습니다.

예수님은 포도 나무의 예화를 가지고 사역의 실천에 있어 실과 맺는 것을 가르쳤습니다. 그것은 아주 실질적인 예화였습니다. 어떻게 많은 실과를 맺는지를 가르쳤습니다. 예수님은 당신의 제자들이 천국 열매 맺는 것에 대해 확실히 이해하기를 원하셨습니다.

포도나무는 열매를 많이 맺습니다. 가지 하나에서 많은 포도를 맺습니다. 구약에서 포도나무는 이스라엘이 그 땅에서 하나님의 사역을 하는 능력을 상징했습니다(시편 80:8; 이사야 5:1-7; 에스겔 19:10-14).[1]

예수님은 그의 제자들에게 열매를 맺는 것이 기본이라는 것을 강조했습니다. 요한복음 15:8에 "네가 실과를 많이 맺으면 내 아버지가 영광을 받으시리라." 아버지는 제자들이 열매를 많이 맺기를 원하시며 회개에 합당하게 맺는 천국의 실과에 의해서 그들의 삶이 천국 시민으로서의 특징을 나타냅니다. 제자들은 어떤 실과를 맺느냐에 따라서 그 삶과 사역을 말해 줍니다.

예수님은 제자들이 풍성하고 영원한 실과 맺는 것의 중요성을 간과하지 않도록 씨 뿌리는 비유를 사용하십니다.

> 마태복음 13:8 "더러는 좋은 땅에 떨어지매 혹 백배, 혹 육십 배, 혹 삼십 배의 결실을 하였느니라"

예수님은 무화과나무를 저주하셨습니다.

> 마태복음 21:18-19 "이른 아침에 성으로 들어오실 때에 시장하신지라 길가에서 한 무화과나무를 보시고 그리로 가서 잎사귀 밖에 아무것도 얻지 못하시고 나무에게 이르시되 이제부터 영원토록 네게

열매가 맺지 못하리라 하시니 무화과나무가 곧 마른지라"

예수님은 또 다른 비유를 들어 하나님 나라에서 실과를 맺는 결실의 중요성을 더 강조하셔서 가르치셨습니다. 이 비유는 하나님 나라 안에서 섬기는 자들이 저들에게 주어진 영적 은사를 가지고 실과를 결실해야 한다는 것입니다.

> 마태복음 25:14-18 "또 어떤 사람이 타국에 갈제 그 종들을 불러 자기 소유를 맡김과 같으니 각각 그 재능대로 하나에게는 금 다섯 달란트를, 하나에게는 두 달란트를, 하나에게는 한 달란트를 주고 떠났더니 다섯 달란트 받은 자는 바로 가서 그것으로 장사하여 또 다섯 달란트의 이익을 남기고 두 달란트 받은 자도 그같이 하여 또 두 달란트를 남겼으되 한 달란트 받은 자는 땅을 파고 그 주인의 돈을 감추어 두었더니"

예수님이 모델로 보여주시고 하나님 나라에 회개에 합당한 열매를 맺는 그리고 사역에서 수고의 열매를 가르치셨습니다. 사도들의 삶과 교회의 가르침들도 또한 회개에 합당한 열매를 맺는 것의 중요성을 말합니다. 사도 바울은 골로새 교회를 위해 기도합니다.

> 골로새서 1:9-10 "이로써 우리도 듣던 날부터 너희를 위하여 기도하기를 그치지 아니하고 구하노니 너희로 하여금 모든 신령한 지혜와 총명에 하나님의 뜻을 아는 것으로 채우게 하시고 주께 합당히 행하여 범사에 기쁘시게 하고 모든 선한 일에 열매를 맺게 하시며 하나

님을 아는 것에 자라게 하시고"

바울은 복음이 사람의 마음을 터치했을 때 실과를 결실한다고 말합니다.

골로새서 1:5-6 "너희를 위하여 하늘에 쌓아둔 소망을 인함이니 곧 너희가 전에 복음 진리의 말씀을 들은 것이라"

사도 베드로는 여러 가지의 덕을 실과로 지적하면서 그 결실의 중요성에 관하여 씁니다.

베드로후서 1:8 "이런 것이 너희에게 있어 흡족한즉 너희로 우리 주 예수 그리스도를 알기에 게으르지 않고 열매 없는 자가 되지 않게 하려니와"

실과를 결실하는 원리 하에 산 하나님의 종들은 사도들의 성공적인 사역에서 나타난 강한 영향을 받고 또한 사람들의 삶과 사역에 그들의 유전(legacy)을 남겼습니다. 그들이 섬겼던 커뮤니티는 하나님 나라의 실과를 증거합니다. 우리는 예수 그리스도안에서 하나님이 창조하신 모든 것을 경험할 수 있는 결실이 있는 풍성한 삶을 찾아야 합니다.[2]

풍성히 과일 맺는다는 뜻은 무엇입니까?

실과나 그 외 비슷한 단어들이 55번이나 인용되었습니다.[3]

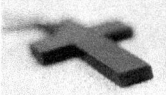 **묵상할 질문들**

1. 이 장에 사명을 실천하는데 실과를 결실하는 것에 관한 중요성이 당신에게 강한 영향을 주었습니까?
2. 하나님 나라의 실과를 결실하기 위한 기본에 관한 예수님의 가르침이 당신에게 도움이 됐습니까?
3. 이 장에 어떤 다른 성경 말씀을 인용하시겠습니까?
4. 사도들의 사명 실천에 실과를 결실하는 것에 관한 가르침에서 감명을 받았습니까?
5. 당신은 얼마나 사명 실천의 열매를 생산합니까? (아래 표에 표시해 보세요.)

```
0  |  |  |  5  |  |  |  10
```

창세기 12:1-2 "여호와께서 아브람에게 이르시되 너는 너의 본토 친척 아비 집을 떠나 내가 네게 지시할 땅으로 가라 내가 너로 큰 민족을 이루고 네게 복을 주어 네 이름을 창대케 하리니 너는 복의 근원이 될지라"

6. 나는 어떻게 하면 사명 실천을 위하여 실과가 풍성한 삶을 살겠습니까?

　　　　기쁨 기쁨 기쁨 예수님 섬김의 기쁨
　　　　기쁨이 내 맘에 충만
　　　　매 순간 매 시간
　　　　나는 주님의 샘솟는 능력으로
　　　　기쁨, 기쁨, 기쁨, 이제 내게 있네.

예수 섬기는, 섬기는 기쁨.

hym.otrnary.org

7. 이 장을 더 묵상하려면 가능한 대로 시간을 내셔서 기도하시고 받으신 말씀을 더 연구하십시오.

제 16 장

선교의 명령

"예수께서 나아와 일러 가라사대 하늘과 땅의 모든 권세를 내게 주셨으니 그러므로 너희는 가서 모든 족속으로 제자를 삼아 아버지와 아들과 성령의 이름으로 세례를 주고 내가 너희에게 분부한 모든 것을 가르쳐 지키게 하라 볼지어다 내가 세상 끝날 까지 너희와 항상 함께 있으리라 하시니라" (마태복음 28:18-20)

예수님은 아버지의 사명을 실천하시기 위하여 인간이 되셨습니다. 그 분은 당신의 삶을 완전 순종으로 하나님 나라의 선교(사명)를 위하여 헌신하셨습니다. 그 분은 하나님 아버지께서 당신을 보내신 목적을 명백하게 알고 계셨습니다. 인류를 구원하시기 위한 그 사명으로부터 아무것도 예수님을 빗나가게 할 수 없었습니다. 그 분이 광야에서 흑암의 권세와 대적하셨을 때에도 그는 조금도 움직이지 않으셨습니다.

그 분은 자기를 공격하는 모든 유혹과 대적하여 물리치셨습니다.

>히브리서 4:14-15 "그러므로 우리에게 대제사장이 있으니 승천하신자 곧 하나님의 아들 예수시라 우리가 믿는 도리를 굳게 잡을지어다 우리에게 있는 대 제사장은 우리 연약함을 체휼 하지 아니하는 자가 아니요 모든 일에 우리와 한결같이 시험을 받은 자로되 죄는 없으시니라"

예수님은 제자들에게 예수님이 하늘과 땅의 모든 권세를 가지셨으니 그러므로 제자들을 하나님 나라의 선교 사명을 실천하기 위하여 내보내는 것임을 확신시켰습니다. 사도 베드로는 그 사실의 증인이었기에 그것에 관하여 교회에 편지를 씁니다.

>베드로전서 3:21-22 "물은 예수 그리스도의 부활하심으로 말미암아 이제 너희를 구원하는 표니 곧 세례라 육체의 더러운 것을 제하여 버림이 아니요 오직 선한 양심이 하나님을 향하여 찾아가는 것이라 저는 하늘에 오르사 하나님 우편에 계시니 천사들과 권세들과 능력들이 저에게 순복하느니라"

예수님은 그의 제자들에게 원리들과 가치관들을 세우시고 가르치셔서 그 원리가 교회의 선교 사명을 실천 하는 것을 다스렸습니다. 그분은 3년 동안 제자들의 팀을 형성하고 그 제자들이 그와 같이 하나님 나라의 사명을 계속 실천 하도록 하셨습니다. 이제는 성령님의 능력과 지휘하에 그 선교 사명은 제자들의 손에 떨어졌습니다. 그것은 그 어부들, 세리들, 교회 지도자들, 그리고 그 모든 새로운 왕국의 시민권을 가진 사람들에게 하나님 나라의 사명이 달려 있습니다.

승리의 그리스도께서 그 분의 권세와 성령의 능력으로 그들에게 능력을 부어 주셨습니다. 하나님 나라의 선교를 위해 구체적으로 어떻게 할까, 무엇을 가르치고 사역을 계속해 나갈지를 지시하셨습니다. 그 선교를 추진해 나가는 힘은 가는 것과 예수님이 제자들에게 가르치신 원리들과 가치관들을 가르치는 것이었습니다.

사명의 근원적인 부분은 예수 그리스도의 새 제자들을 만드는 것이었고 그러므로 그 다음에 가서 하나님 나라의 기쁜 소식을 전한 것이었습니다.

예수님의 제자훈련은 "번식"입니다. 모든 제자들은 또 다른 제자를 양육해야 합니다. 예수님은 제자들을 둘씩 짝을 지어 보내시고 마지막 위임을 주었다는 것은 명백합니다.[1]

지상 최대의 사명은 천국복음을 선포하고 계속 확장해 나가는 것이었습니다. 교회는 "가라" 지상의 열방에서 "제자 만들어라"를 실천하는 것보다 더 급한 명령은 없습니다.

예수님의 선포하신 지상 최대 명령 마태복음 28:19-20은 하나님의 역사에서 가장 큰 프로젝트에 참여하라는 하나님의 초대였습니다. 한(목사 또는 리더) 신자 또는 한 교회가 지상 최대 사명에 헌신하면 세상을 다르게 만드는 다른 능력을 체험할 수 있습니다.[2] 하나님 아버지 우편에 앉으시기 위해 예수님은 제자들을 계속해서 선교 사명에 관하여 기억시켰습니다.

누가복음 24:46-48 "또 이르시되 이같이 그리스도가 고난을 받고 제 삼일에 죽은 자 가운데서 살아날 것과 또 그의 이름으로 죄 사함을 얻게 하는 회개가 예루살렘으로부터 시작하여 모든 족속에게 전파될 것이 기록되었으니 너희는 이 모든 일의 증인이라"

초대교회는 하나님 나라의 복음을 전하라는 명령을 실천했습니다. 예루살렘 밖으로 복음을 가지고 나가는 것이 중요했습니다. 사도들은 베드로와 요한을 보냈습니다. 사마리아 지역의 새 신자들을 알아보고 확인하기 위하였습니다.

사도행전 8:15-16 "그들이 내려가서 저희를 위하여 성령 받기를 기도하니 이는 아직 한 사람에게도 성령 내리신 일이 없고 오직 주 예수 이름으로 세례만 받을 뿐이러라"

사마리아 사람들이 예수 그리스도의 복음을 받은 것을 보고 베드로와 요한은 집에 돌아갔습니다.

사도행전 8:25 "두 사도가 주의 말씀을 증거하여 말한 후 예루살렘으로 돌아갈새 사마리아인의 여러 촌에서 복음을 전하니라"

사도 바울은 예수님의, 이방인들에게 복음 전하라는 사명 맡기심에 순종하였고 그 전 생애를 복음 선포에 헌신했습니다.

로마서 15:20-21 "또 내가 그리스도의 이름을 부르는 곳에는 복음을 전하지 않기로 힘썼노니 이는 남의 터 위에 건축하지 않으려 하였음이라 기록된 바 주의 소식을 받지 못한 자가 볼 것이요 듣지 못한 자가 깨달으리라 함과 같으니라"

    교회는 예수 그리스도의 은혜를 통한 온 인류의 구원을 위하여 하나님의 나라의 사명을 실천하며 전파하도록 위임 받았습니다. 하나님 나라의 전파 사명은 교회가 모든 사람들을 대한 하나님의 구원과 사랑의 복음을 나누는데 충성하고 순종하는 것에 의존 합니다. 우리는 그리스도의 부르심에 응답하고 하나님의 능력을 받고 온 세상에 나아가서 예수 그리스도의 주님 되심과 주님의 복음을 증거하며 하나님과 함께 일하며 교회를 세우고 하나님 나라를 전파하는 보냄을 받은 사람들 입니다(고린도후서 6:1).[3]

    남녀 종들은 교회의 사명을 실천하도록 부름을 받았고 지상 최대의 명령과 지상 최대의 사명을 받았으며 예수님의 위임을 받아 세상을 전도하고 제자를 삼도록 부름을 받았습니다. 사람들의 마음 가운데 하나님 나라를 이루고 확장하는데 제자 훈련은 기본적인 필수입니다. 그러므로 전체적인 그 지역 사회에 이르기까지 변화가 일어나기 때문입니다.

    제자훈련과 전도는 분리시킬 수 없습니다. 사실상 같은 것입니다. 우리는 예수를 증거하고 전도하여 영혼을 예수께 인도하려면 불신자와 계속 접촉을 하여야 됩니다. 하나님의 세상을 구원하시려는 계획은 우리 하나 하나가 영혼들을 찾아 예수 그리스도에게로 인도하는데 달려 있습니다.[4]

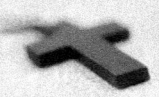 **묵상할 질문들**

1. 이 장에서 예수님이 제자들에게 주신 지상 최대 명령은 당신에게 어떤 강한 영향을 주었습니까?
2. 예수님의 하나님 나라의 사명에 관한 가르침은 당신에게 어떻게 도움이 되었습니까?
3. 이 장을 위해 어떤 다른 성경 말씀을 인용하겠습니까?
4. 당신은 성령의 능력과 권세의 인도하심에 따라 사명을 실천하신 사도들의 헌신에 감동을 받았습니까?
5. 나는 교회의 사명을 실천하고 있습니까? (아래 표에 표시해 보세요.)

```
0 | | | 5 | | | 10
```

출애굽기 3:7-10 "여호와께서 가라사대 내가 애굽에 있는 내 백성의 고통을 정녕히 보고 그들이 그 간역자로 인하여 부르짖음을 듣고 그 우고를 알고 내가 내려와서 그들을 애굽인의 손에서 건져내고 그들을 그 땅에서 인도하여 아름답고 광대한 땅, 젖과 꿀이 흐르는 땅 곧 가나안 족속, 헷 족속, 아모리 족속, 브리스 족속, 히위 족속, 여부스 족속의 지방에 이르려 하노라 이제 이스라엘 자손의 부르짖음이 내게 달하고 애굽 사람이 그들을 괴롭게 하는 학대도 내가 보았으니 이제 내가 너를 바로에게 보내어 너로 내 백성 이스라엘 자손을 애굽에서 인도하여 내게 하리라"

6. 나는 어떻게 교회의 사명을 잘 감당해 나갈 수 있을까요?
   내 진정 사모하는 친구가 되시는

> 구주 예수는 아름다워라
> 산 밑에 백합화요 빛나는 새벽 별
> 주님 형언할 길 아주 없도다
> 내 맘이 아플 적에 큰 위로 되시며
> 나 외로울 때 좋은 친구라
> 주는 저 산 밑에 백합 빛나는 새벽 별
> 이 땅 위에 비길 것이 없도다. (찬송가 88)

7. 이 장에서 더 깊은 묵상을 위하여 만일 가능하다면 당신이 찾으신 말씀을 붙잡고 기도하시고 연구하시기 바랍니다.

결론

　복음서에서 우리는 그 분의 천국 사명을 실천하셨을 때에 관한 예수님의 이야기를 발견합니다. 예수님은 하나님 나라의 본질적인 원리와 가치관들을 훈련시키시고 파워를 주셨습니다. 예수님은 교회의 사명을 계속하는 것은 성령님의 능력과 기름 부으심과 인도하심 그리고 제자들의 충성된 순종함에 달려 있습니다.

　주님의 가르치심으로부터 배웠고 사명을 실천함에, 초대 교회를 지휘하는데 주님 가신 발자취를 따랐습니다. 주님께로부터 받은 원리들은 완전히 하나님 아버지와 그 관계만을 의뢰하는 성령 충만의 삶입니다. 다시 말하면 말씀 사용, 기도와 금식, 복음 선포, 의도적 제자훈련과 만들기, 긍휼, 조직, 과실의 결실, 자기들의 목숨까지 바치며 비싼 제자의 값을 치르며 섬기는 것이 가장 중요한 예수 그리스도의 복음의 열쇠와 같은 요소였습니다. 그것으로 말미암아 예수 그리스도의 복음은 일세기 이후 왕성하였고 줄곧 급성장 하였습니다. 사도들은 예수님의 가르침과 원리들대로 살았습니다. 사도 바울은 용감히 말했습니다.

고린도전서 11:1 "내가 그리스도를 본받는 자 된 것같이 너희는 나를 본받는 자되라"

신약 성경 기록과 교회사의 서류 기록에, 하나님의 종들의 전기들에 교회가 어떻게 예수 그리스도의 지상최대의 명령과 지상최대의 사명을 잘 실천해 왔는지 증거합니다. 하나님의 부르심에 응한 새로운 구름 같은 충성스러운 증인들은 주님의 가르치심의 단계들과 원리들을 순종과 헌신, 열정으로 사명을 실천하는데 성령님의 능력에 의해 인도함을 받았습니다. 그들은 우리에게 감동을 줍니다. 그들의 삶을 통하여 예수님이 가르치신 원리들대로 사는 것이 가능하고, 제자들에게 가르쳤고 천국을 세우고 계속 전진해 나가는 것이 가능하다고 말해 줍니다. 저의 기도는 이 예수님의 원리들에 대한 묵상들이 여러분들에게 축복이 되고 도움이 되며 여러분들에게 도전이 되는 것입니다.

하나님의 사명을 감당하기 위하여 이 원리들을 적용하여 열방에서 예수 닮은 제자 삼으라!

인용문헌

1장

1. H.Orton Wiley / Paul T. Culbertson, *Introduction to Christian Theology*, 1948 Spanish edition. P. 184.

2. *Biblia del diario vivir.* (2000). (electronic ed., Gen 3:15). Nashville: Editorial Caribe.

3. Wiley / Culbertson. P. 209.

2장

1. *Biblia del diario vivir.* (2000). (electronic ed., Luke 2:43). Nashville: Editorial Caribe.

2. H.Orton Wiley / Paul T. Culbertson, *Introduction to Christian Theology*, 1948 Spanish edition. P. 278.

3. Wesley L. Duewel, *Ablaze for God*, 1995 Spanish edition. P. 51.

4. *Nazarene Essentials Who We Are - What We Believe.*

5. Carl Bangs, Phineas E. Bresee, *Pastor to the People.*

6. Duewel. P. 48.

3장

1. *Biblia del diario vivir.* (2000). (electronic ed., Luke 4:16). Nashville: Editorial Caribe.

2. *Manual* Church of the Nazarene, 2013-2017.

3. *Biblia del diario vivir.* (2000). (electronic ed., Luke 4:16). Nashville: Editorial Caribe.

4장

1. *Biblia del diario vivir.* (2000). (electronic ed., Luke 2:43). Nashville: Editorial Caribe.

2. Watchman Nee, *Spiritual Authority*, 1990 Spanish edition. P. 47.

3. J. W. Hayford, *The Spirit- Filled Family: Holy Wisdom to build Happy Homes* (electronic ed.,), 1995 Spanish edition. Nashville: Editorial Caribe. P. 90.

5장

1. *Biblia del diario vivir.* (2000). (electronic ed., Matthew 6:9). Nashville: Editorial Caribe.

2. Wesley L. Duewel, *Ablaze for God*, 1995 Spanish edition. P. 66.

3. *Ibid*. P. 76.

4. *Ibid*. P. 251.

5. *Ibid*. P. 236.

6장

1. Diego Forero, *La hoja de ruta*. P. 6.
2. Gene Mims, *The Kingdom Focused Church*. Spanish edition P. 77.

7장

1. Nelson, W. M., & Mayo, J. R. (1998). *Nelson's New Illustrated Bible Dictionary* (electronic ed.). Nashville: Editorial Caribe.
2. *Ibid.*
3. *Ibid.*
4. Wesley L. Duewel, *Ablaze for God*, 1995 Spanish edition. P. 54-55.

8장

1. Nelson, W. M., & Mayo, J. R. (1998). En Nelson, *Nelson's New Illustrated Bible Dictionary* (electronic ed.). Nashville: Editorial Caribe.
2. Gene Mims, *The Kingdom Focused Church*. Spanish edition P. 49.
3. *Ibid.* P. 14.

9장

1. Hayford, J. W. (2000). *Power Faith: Balancing Faith in Words and Works* (electronic ed., p. 5). Nashville: Editorial Caribe.

10장

1. David L. McKenna, *Wesleyanos en el siglo XXI*. P. 80.

2. Floyd Cunningham, *Our Watchword & Song*. Spanish edition P. 234.

3. *Nazarene Essentials Who We Are - What We Believe.*

4. http://usacanadanazarene.org/ministries/compassionate-ministries

11장

1. Luciano Jaramillo, *Jesus ejecutivo*. P. 13.

2. *Ibid*. P. 123.

12장

1. Horace G. Cowan, *The Sabbath in Scripture and History*. Spanish edition P. 12.

2. Daniel Spaite, *Time Bomb in the Church*. Spanish edition P. 125.

3. *Ibid*. 127.

13장

1. Rick Warren, *The Purpose Driven Church* Spanish edition P. 216.

2. *Biblia del diario vivir*. (2000). (electronic ed., Gn 3.15). Nashville: Editorial Caribe.

3. John C. Bowling, *Grace - Full Leadership*. Spanish edition P. 14.

14장

1. Luis Aranguren con Fabian D. Ruiz, *Ministerio discipular*. P. 26.

15장

1. *Biblia del diario vivir.* (2000). (electronic ed., Gn 3.15). Nashville: Editorial Caribe.
2. Gene Mims, *The Kingdom Focused Church.* Spanish edition P. ix.
3. Rick Warren, *The Purpose Driven Church.* Spanish Edition P. 70.

16장

1. Luis Aranguren con Fabian D. Ruiz, *Ministerio discipular.* P. 16.
2. *Ibid.* P. 4.
3. *Nazarene Essentials Who We Are - What We Believe.*
4. Gene Mims, *The Kingdom Focused Church.* Spanish edition P. 92.

www.ingramcontent.com/pod-product-compliance
Lightning Source LLC
Chambersburg PA
CBHW031447040426
42444CB00007B/1017